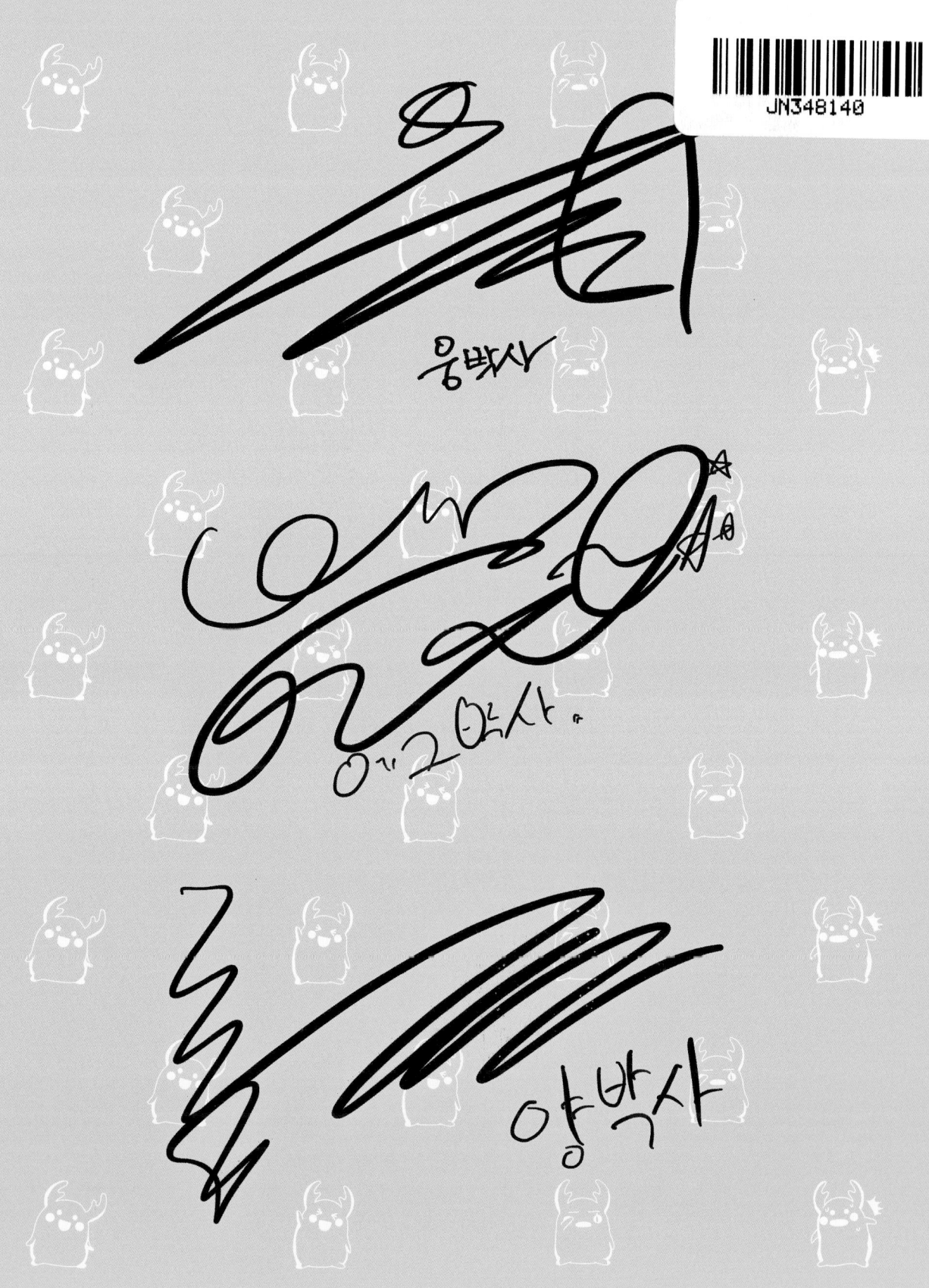

안녕하세요? 친구들!
저희는 에.그.박.사입니다!

웅박사   에그박사   양박사

자연은 참 신기해요. 밖으로 촬영을 다니다 보면 우리가 흔히 알고 있던 생물들의 놀라운 능력에 새삼 깜짝 놀라곤 해요. 이 생물들의 역대급 능력을 친구들에게 재밌게 알려 주고 싶어서 이 책을 쓰게 되었어요.

하마가 더우면 피땀을 흘린다는 것 알고 있었나요?
폭탄먼지벌레의 방귀가 100℃가 넘어간다는 사실은요?
해삼이 적의 공격을 받으면 글쎄 내장을 쏟아낸대요! (윽, 상상만 해도^^;)

이렇게 생물들의 충격적이고 깜짝 놀라운 능력들을 에그박사와 함께 알아보도록 해요. 이 책에서는 유쾌하고 생생한 생물 그림과 재밌고 간결한 설명으로 생물들의 의외의, 그리고 충격적인 생물 상식을 다루고 있어요. 한 번도 들어 보지 못한 새로운 생물 상식을 알아보며 자연과 생물의 신비함에 빠져들어 보아요!

그럼, 지구에 있는 모든 생물이 친구가 될 때까지 에그박사와 함께해요!

2024년 에그박사

역대급 사파리를 들어가면서

생물에 관심이 있는 친구라면 한 번쯤 이런 궁금증을 가져 봤을 거예요.
"지구상에서 가장 몸집이 큰 동물은 누구일까? 반대로 가장 몸집이 작은 동물은? 가장 힘이 센 동물은? 가장 힘이 약한 동물은? 가장 빨리 달리는 동물은? 가장 느리게 움직이는 동물은?"
헤아릴 수 없이 많은 생물 가운데서 '최대, 최소, 최고, 최저, 최강, 최약' 같은 역대급(역사에 대대로 남을) 능력을 가진 생물을 꼽아 보는 건 아주 흥미로운 일이죠?
이 책은 바로 그런 궁금증을 찾아보면서 시작되었어요. 그런데, 생물에 관해 하나둘 알아 갈수록 궁금증은 더 많아지고 호기심은 점점 커졌어요. 글쎄 우리가 미처 몰랐던, 생물들의 숨겨진 비밀이 꼬리에 꼬리를 물고 이어져 나오는 거예요.
자루같이 커다란 부리를 가진 펠리컨은 심심하면 입 밖으로 척추를 빼내는 '역대급 슈퍼 유연왕'이었고, 세상 느릿느릿 움직이는 달팽이는 2만 개의 이빨을 가진 '역대급 이빨 부자'였고, 남극의 신사로 알려진 아델리펭귄은 살기 위해 절벽에서 친구를 밀어 버리는 '역대급 이기주의 끝판왕'이 아니겠어요?
에이, 이 정도로 놀라면 곤란해요. 『에그박사의 역대급 사파리』에는 무려 60마리 생물의 충격적이고, 희한하고, 공포스럽고, 웃기고, 가슴 아픈 역대급 능력이 담겨 있거든요. 그리고 이 역대급 능력이 생기게 된 생물들의 생태를 알게 되면 생명의 경이로움에 한 번 더 놀랄 거예요.
자, 숨을 크~게 한 번 쉬며 역대급으로 놀랄 마음의 준비를 하세요.
지금부터 역대급 사파리로 출발합니다!

예영

추천사

 쌍따봉을 드립니다!!

와!!! 『에그박사님의 역대급 사파리』 책 읽어 보니 제가 직접 신비한 사파리 안에 들어온 것 같아요!! 정말 다양한 동물들과 곤충, 바다생물과 새까지도 볼 수 있고 교육적으로도 정보가 아~주 많아서 너무 좋은 것 같아요!! 개인적으로 아홀로틀이랑 투구게 좋아하는데~~최고!! 최고!! 이야~ 정말 다 있네요~?

정브르

지구상에 살고 있는 대표적이고, 아주 독특한 생물들의 특징을 알기 쉽게 표현한 책인 듯합니다. 이 책을 통해 저도 몰랐던 생물 상식을 배웠어요!! 강추!!

TV생물도감

여러 생물에 대한 다채로운 특징들이 에그박사님만의 재미있는 그림으로 표현되어 신비로운 동물의 세계에 자연스럽게 빠져듭니다. 생물을 좋아하는 모든 사람에게 이 책을 적극 추천해 드립니다!

파브르2세

별코두더지 ☆ 12
몽구스 ☆ 14
불곰 ☆ 16
기린 ☆ 18
얼룩말 ☆ 20
하마 ☆ 22
북극곰 ☆ 24
흡혈박쥐 ☆ 26
세띠아르마딜로 ☆ 28
산양 ☆ 30
북부짧은꼬리땃쥐 ☆ 32
악어 ☆ 34
뿔도마뱀 ☆ 36
갈라파고스땅거북 ☆ 38
벌거숭이두더지쥐 ☆ 40
순록 ☆ 42
말레이맥 ☆ 44
오리너구리 ☆ 46
리카온 ☆ 48
코알라 ☆ 50
나무늘보 ☆ 52
쌍봉낙타 ☆ 54

숲속관

달팽이 ☆ 58
독화살개구리 ☆ 60
베짱이 ☆ 62
폭탄먼지벌레 ☆ 64
늦반딧불이 ☆ 66
잠자리 ☆ 68
잎꾼개미 ☆ 70
타이탄하늘소 ☆ 72
철갑딱정벌레 ☆ 74
벼룩 ☆ 76
장수말벌 ☆ 78
난초사마귀 ☆ 80
나미브사막거저리 ☆ 82
누에 ☆ 84
사막메뚜기 ☆ 86
거품벌레 ☆ 88
마른나무흰개미 ☆ 90

물속관

- 흰수염고래 ☆ 94
- 참치 ☆ 96
- 크릴새우 ☆ 98
- 아델리펭귄 ☆ 100
- 해삼 ☆ 102
- 아홀로틀 ☆ 104
- 투구게 ☆ 106
- 물총고기 ☆ 108
- 청어 ☆ 110
- 청줄청소놀래기 ☆ 112
- 세줄코리도라스메기 ☆ 114
- 해마 ☆ 116

휩쓸려 간다!

하늘관

푸른발부비새 ☆ 120
원앙 ☆ 122
홍학 ☆ 124
펠리컨 ☆ 126
집단베짜기새 ☆ 128
에뮤 ☆ 130
유럽칼새 ☆ 132
극제비갈매기 ☆ 134
꼬마벌새 ☆ 136

역대급 사파리 생물 퀴즈 ☆ 138

별코두더지
몽구스
불곰
기린
얼룩말
하마
북극곰
흡혈박쥐
세띠아르마딜로
산양
북부짧은꼬리땃쥐
악어
뿔도마뱀
갈라파고스땅거북
벌거숭이두더지쥐
순록
말레이맥
오리너구리
리카온
코알라
나무늘보
쌍봉낙타

꾸물꾸물 별난 코
별코두더지

두더지는 두더지인데, 코가 너풀너풀 움직이는 별코두더지!
희한하고 별나게 생긴 코에 특별한 능력이 숨어 있대요.
과연 어떤 능력인지 찾아볼까요?

🌐 미국 동부, 캐나다 남동부　📏 11.8cm~13cm　🍴 지렁이, 애벌레, 작은 물고기

보통 두더지와의 **가장 큰 차이점은 코!**
코끝에 22개의 돌기가 나 있는데, ★**별 모양을 닮아서 '별코두더지'라고 불러.**

음~ 불가사리도 닮았는데?

더 재밌는 영상!

잘 찾아봐야 보일 정도로 눈이 작아. 시력도 나빠서 앞이 거의 보이지 않지.

작은 눈도 서러운데 안 보이기까지.

흑흑

내가 저렇게 징그럽다고?

별코두더지는 코에 난 돌기를 땅바닥에 처박고 꾸물꾸물 움직여서 먹잇감을 찾아내. **1초에 12곳을 만질 수 있어.**

← 여름
두툼
겨울 →

보통 두더지보다 **꼬리가 4배나 길어.** 또 겨울에는 번식기와 추위를 대비해 두 배 정도 살을 찌워.

있었는데 없습니다.
꿀꺽 꿀꺽 후루룩

깨알 상식
누구보다 빨리 먹기 선수야. 코로 발견하고 먹이를 먹는 데는 0.2초 정도면 거뜬해.

충격 주의!
두더지 중 유일하게 축축하고 습한 곳에서 굴을 파고 살아. 굴은 물과 바로 연결되어 잠수도 하고 사냥도 한다니 신기하지?

알고 있니?
별코두더지가 지나다니는 곳은 식물의 뿌리에 공기를 줘서 더 잘 자라게 도와준다는 사실을!!

날 만나고 싶으면 땅속보다는 물가로 찾아와!

식물들아, 감사한 줄 알아라~

에그박사의 역대급 생물 상식

눈으로 보는 것이 아니라 **코로 본다!**

눈 대신 코

역대급 능력 ★★★★☆

귀여운 파이터 몽구스

얼핏 보면 족제비 같기도 하고 고양이 같기도 한 몽구스! 하지만 맹독을 가진 코브라도 전혀 두려워하지 않는다는데요. 어떤 무기를 가졌길래 이렇게 용감한 걸까요?

🌐 아프리카, 인도 등   📏 37cm~50cm   🍽 뱀, 작은 포유류, 물고기, 나무뿌리 등

인도에서는 뱀을 퇴치할 목적으로 몽구스를 길들여 키워.

난 어떤 동물에게도 쫄지 않아. 독사쯤이야~

꽤액

무서움 주의!
몸집은 작지만, 성질이 사납고 동작이 재빨라. 또 순발력도 뛰어나서 이를 무기로 독사나 작은 동물을 사냥해.

주둥이가 뾰족하고, 목이 머리에서 어깨로 굴곡 없이 이어진 모습이 족제비와 닮았어. **또 동작은 고양이처럼 유연해서 '고양이 족제비'라는 별명도 붙었지.**

잠깐 퀴즈!
미어캣은 몽구스일까, 아닐까?
몽구스는 40여 종이 있는데, '사막의 파수꾼'으로 불리는 미어캣도 몽구스의 한 종이야.

몽구스 - 얼굴이 사납게 생김
미어캣 - 얼굴이 귀엽게 생김

완전 식탐왕! 뱀은 물론이고 도마뱀, 개구리, 물고기, 곤충, 과일 등 먹을 수 있는 건 뭐든 가리지 않고 잡아먹어.

기다란 몸에 비해 다리가 짧은 편. 발톱이 구부러져 있고 날카로워.

털의 감촉은 거칠거칠, 색깔은 흙과 비슷해서 몸을 숨기기에 알맞아. 적을 만나면 털을 곤두세워 몸을 키워 위협해.

꼬리가 길고 털이 무성해.

나한테 왜 그래~ 힝~

잡으라는 독사는 안 잡고!

알고 있니?
1910년, 일본에서 독사로 인한 피해가 심해서 몽구스를 들여왔어. 그런데 몽구스가 독사는 안 잡고 멸종 위기종인 새를 잡아먹어서 생태계를 무너뜨린 적이 있었대.

독사보다 새 잡는 게 더 쉬워서 그랬지. 스미마센~

덤벼! 덤벼 보라고!

에그박사의 역대급 생물 상식
코브라에게 물려도 죽지 않는다!

코브라 사냥꾼
역대급 능력 ★★★★

최대 최강 큰곰
불곰

진한 흑갈색에 거대한 체구, 강력한 힘을 가진 불곰!
보는 것만으로도 무시무시하지만 불곰에게 의외의 귀여운 구석이 숨겨져 있다고 하는데 한번 살펴볼까요?

- 중국, 일본, 북미, 러시아
- 1.9m~2.8m
- 잡식성(최애는 연어)

곰 중에 가장 몸집이 크고 힘이 세고 성질도 사나워. 우리나라에선 **큰곰**이라고도 해.

어깨는 혹처럼 두둑하게 높이 솟아 있어.

알고 있니?
어릴 때는 나무 타기 명수라는 사실! 크면 실력이 별로야.

"나도 저런 시절이 있었지."

"핫! 둘! 핫! 둘!"

다리에는 약간 구부러진 모양의 **강한 발톱**이 있어. 앞발로 사냥감을 치면 **한 방에 휙!** 나가떨어져.

"역시 백발백중!" **퍽**

"윽! 썩은내거든!"
"흠~ 숙성된 향기~ 너무 사랑해~"

더 재밌는 영상!

충격 주의!
늙은 불곰은 죽은 동물의 고기를 먹어. 다 먹지 못한 고기는 낙엽으로 덮어 뒀다가 먹는데, 썩은 고기 위에서 뒹굴면서 몸을 적시는 걸 좋아해.

곰이 긴긴 겨울잠을 자는 이유! 곰은 늦가을부터 초봄까지 긴 겨울잠을 자. 이유는 체온을 유지하고 에너지를 적게 쓰기 **위해서야**. 겨울잠을 자는 동안에는 아무것도 먹지 않아. 왜냐하면 잠들기 전에 이미 충분히 먹어 뒀거든~!

"흠냐흠냐, 맛있겠다."

"우와! 나보다 빠르잖아!" **쌩~**

잠깐 퀴즈!
우사인 볼트가 빠를까? 불곰이 빠를까? 정답은 불곰! 몸은 크지만 시속 60km로 빨리 달릴 수 있어.

목이 길어 슬픈 짐승
기린

얼룩덜룩한 무늬, 기다란 목과 다리를 가진 기린! 그저 우아하고 멋지기만 할 것 같은 기린에게 감추고 싶은 비밀이 있다는데요? 무엇인지 다함께 찾아볼까요?

- 아프리카
- 3.8m-5.8m
- 아카시아잎과 작은 가지, 꽃, 열매, 풀 등

기린은 땅 위에 사는 포유류 중에서 가장 키가 커. **태어날 때부터 이미 2m 장신!**

이야~ 정말 크네!

기다란 목을 채찍처럼 휘둘러 상대방을 공격하는데, 이 싸움을 '넥킹'이라고 해. 싸움에서 진 기린이 의식을 잃을 정도야.

퍽 퍽

기린은 목이 엄청나게 길어. 하지만 **뼈 수는 사람과 똑같이 7개야!** 그중 한 개의 뼈가 두드러지게 긴 거야.

사람마다 지문이 있듯이 기린마다 **독특한 무늬**를 가지고 있어.

자외선 차단 기능도 있어!

혀는 얼룩덜룩한 **보라색이야.** 까칠까칠해서 나무 가시도 끄떡없지.

- 무늬로 위장 가능!
- 기린마다 구별 가능!
- 체온 조절 가능!

충격 주의!

태어날 때부터 고혈압! 심장과 멀리 떨어진 머리와 다리에 피를 보내야 해서 혈압이 높아. 머리를 땅에 오래 박고 있으면 뇌졸중으로 죽을 수도.

일어나! 기린아!!!

아~ 물 마시는데 왜 그래요?

안돼!

잠깐 퀴즈!

기린은 서서 잘까? 누워서 잘까?

기린은 거의 선 채로 잠을 자. 하루에 자는 시간을 모두 합쳐 봐야 겨우 1시간~2시간 남짓! 거의 5분마다 깨는데, 간혹 바닥에 앉아 목을 구부리고 깊이 잠들 때도 20분이면 깨어나.

자는 동안 적에게 공격당할까 봐 푹 잘 수가 없어.

하~품

제발 잠 좀 길게 자라고!

에그박사의 역대급 생물 상식

우아해 보이지만 사실 똥냄새가 난다!

악취왕
 역대급 능력 ★★★☆☆

기린은 몸에서 아주 고약하고 불쾌한 냄새가 나요. 250m 떨어진 곳에서도 맡을 수 있는 울트라 초강력 똥냄새죠.

악취의 원인은 '인돌(Indole)'이라는 성분 때문! '인돌'은 특유의 똥냄새를 갖게 하는 질소 화합물이에요. 하지만 이 성분은 기린의 피부에 사는 세균을 없애 주는 고마운 역할을 해요.

어디서 고약한 냄새가 나는데 어디지?

너지? 스컹크?

윽! 냄새의 범인은 바로 기린이었어!

내가 아니래도!

어휴, 냄새 때문에 못 살겠어!

기린아! 만나서 즐거웠고 다시는 만나지 말자~

또 한 가지! 수컷 기린은 이 똥냄새로 암컷 기린을 유혹해요. 악취가 심할수록 세균이 없는 건강하고 깨끗한 몸이라는 뜻이거든요. 그리고 적으로부터 목숨도 지켜 주는 소중한 냄새랍니다.

호호, 당연하죠~

냄새가 고약한 걸 보니 건강하고 깨끗하겠어!

부비 부비

냄새 정말….

꼬르륵

초원의 멋쟁이 얼룩말

아프리카의 드넓은 초원을 힘차게 달리는 얼룩말! 까맣고 하얀 줄무늬가 너무나도 멋지고 세련되어 보여요. 얼룩말만이 가진 특별한 비밀을 찾으러 다 같이 출발!

아프리카 동남부 지방의 평원 | 1.1m~1.5m | 풀

잠깐 퀴즈!
얼룩말은 흰 피부에 검은색 줄무늬일까? 검은 피부에 흰색 줄무늬일까? 정답은 바로 검은 피부! 털을 깎으면 검은 피부를 볼 수 있어.

다른 말과 달리 성격이 사나워서 아직 인간에게 길들여 지지 않았어.

에그박사 살려!

날 우습게 보지 말라고!

신기하지?

내 몸 전체에 까맣고 하얀 줄무늬가 있는데, 잘 보면 가운데 등뼈를 기준으로 가로줄 무늬야.

바짝 서 있는 **짧은 갈기**가 아주 매력적이야.

몸에 비해 머리가 크고, **양옆에 눈**이 있어서 사방을 잘 살필 수 있어.

꼬리 끝에 술 모양의 털이 달렸어.

발굽이 좁고 단단해. 또 한 가닥이라 힘을 한 곳에 주어 빨리 달릴 수 있어.

살금 살금

이미 눈치챘거든?

후각과 청력이 뛰어나서 한가롭게 풀을 뜯다가도 적이 나타나면 바로 알아채.

비장의 무기는 공포의 뒷발 차기!

빵
꽤액

누구 소화제 있으신 분?

꼬억

충격 주의!
얼룩말은 하루에 1시간~2시간 밖에 안 자고, 잘 때도 서서 자. 왜냐고? 누워서 자면 트림을 못 해서 배가 빵빵하게 부풀어 오르거든.

20

강에 사는 말
하마

뭐든 통째로 삼킬 것처럼 커다란 입을 쩍 벌리는 하마! 날카로운 송곳니를 번뜩이지만 무섭다기보다는 둥글둥글한 모습이 귀여워 보여요. 하마의 진짜 모습은 어떨까요?

- 아프리카의 강이나 습지
- 3.7m~5.4m
- 물가의 풀, 식물

하마는 초식 동물 중에서 코끼리 다음으로 몸이 커. 물가의 풀을 뜯어 꼭꼭 씹어 먹는데 **식사 시간이 하루에 8시간 정도**야.

풀만 먹는데 왜 이렇게 살이 찔까?

우적 우적

이렇게 많이 먹으니까!!!

60kg

피부 두께가 약 5cm! 동물 중에서 가장 두꺼워. 하마의 피부를 뚫을 수 있는 동물은 코끼리와 코뿔소 정도밖에 없어. 하지만 **햇볕에 매우 약해서** 주로 물속에서 지내야만 해.

3일 내내 햇볕을 받으면 얇아질지도 몰라~

코와 귀는 물속으로 들어가면 닫을 수 있고, **6분 정도마다 한 번씩** 물 밖으로 나와 숨을 쉬어.

깨알 상식
하마는 물속에서 새끼를 낳고 키워.

가시에 찔리거나 싸움으로 피부가 찢어져도 괜찮아. **상처 회복력이 탁월해서** 웬만하면 10분 안에 아물거든.

입 하면 하마! 적이 다가오면 입을 최대한 크게 벌리고 위협해. 그래도 물러나지 않으면 사람 **팔뚝 굵기의 송곳니**로 물어뜯어 버려.

내가 한 성질 한댔지?

크앙

꽤액

이래야 물속 작은 생물들도 먹고 살지.

우엑!

더러움 주의!
물에서 똥을 싸는데 꼬리를 좌우로 흔들어서 흩뿌려 놓는 고약한 습관이 있어. 하지만 물속 생물에겐 이만한 먹이가 없지.

발가락 사이에 물갈퀴 같은 얇은 막이 있어. 하지만 수영 솜씨는 별로야. 하마는 물속을 통통 뛰어다녀.

통통

북극의 백색 황제
북극곰

끝없이 펼쳐진 눈밭과 얼음 위에서 살아가는 하얀 털의 북극곰! 영하 40℃까지 내려가는 추위 속에서도 끄떡없이 살아가는 북극곰만의 비결은 무엇일까요?

- 북극권과 캐나다 북부
- 2m~3m
- 바다표범, 물고기 등 잡식성

털이 이중 구조야. 길고 뻣뻣한 겉 털은 차가운 물속에서 헤엄쳐도 쉽게 젖지 않고, 짧고 두꺼운 속 털은 촘촘하게 나 있어서 체온을 유지해 줘. **털 속의 피부는 검은색**이라 햇볕을 잘 흡수해.

몸속에 **10cm 정도의 지방층**이 두툼하게 쌓여서 체온을 유지해.

내가 추위 때문에 살을 못 빼잖아요~!

헐~

볼록

덩치에 비해 유난히 작은 머리와 귀, 꼬리, 짧은 주둥이는 추위 속에서 열이 빠져나가는 걸 줄여 줘.

발바닥에 털이 촘촘하게 나 있어서 따뜻해. 그리고 **작고 단단한 수백 개의 돌기**가 달려 있어서 눈이나 얼음 위에서 미끄러지지 않아.

촘촘한 털은 내 발바닥의 특급 비밀!

우리 모두 북극곰을 위해 에어컨 끄기, 자전거 타기, 나무 심기를 실천합시다!

꼭 지켜요!

육지에 사는 육식 동물 중에서 가장 몸집이 커. 그러나 갓 태어난 새끼는 **1kg 정도로 아주 작아.**

깨알 상식
북극곰에겐 얼음이 없으면 큰일 나! 둥둥 떠다니는 얼음을 타고 다니면서 물범 사냥을 하거든. 그런데 지구 온난화로 얼음과 눈이 사라지고 있어. 사람들은 2월 27일을 **'북극곰의 날'**로 정해서 해결 방법을 고민하고 있어!

충격 주의

알래스카의 이누이트 부족들은 사람이 죽으면 그 시신을 북극곰에게 주어 장사를 지내. 땅이 얼어 파기도 힘들고 추워서 썩지도 않기 때문이지.

에그박사의 역대급 생물 상식

털은 하얀색이 아니라 투명하다!

최강 투명 털
역대급 능력 ★★☆☆☆

피를 사랑한 드라큘라 흡혈박쥐

한밤중, 소리 없이 먹잇감을 덮쳐 피를 빨아 먹는 흡혈박쥐! 피를 먹는다고 하니 왠지 모르게 으스스한데요, 흡혈박쥐가 쥐도 새도 모르게 날아와 사냥하는 방법을 함께 알아볼까요?

🌎 남아메리카 📏 7.5cm~9cm 🍽 동물의 피

박쥐는 포유류 중에서 유일하게 하늘을 나는 동물이야. 하지만 깃털이 아닌 **손가락 사이의 피부**가 늘어나면서 만들어진 '**비막**'으로 날아.

비막은 펴고 접을 수 있어.

오른쪽 45° 각도에 먹잇감 발견!

으악!

설마 나?

시력이 나쁜 대신 **소리의 음파**를 쏴서 부딪혀 돌아오는 메아리를 듣고 먹이나 방해물의 위치를 파악해.

깨알 상식
자는 동물에게 조용히 다가가 **날카로운 이빨**로 부드러운 피부를 찢어 상처에서 나오는 **피를 혀로 핥아 먹어.** 피를 핥아 먹는 동안 피가 굳지 않고 계속 흘러. 그래서 물린 곳이 피로 흥건하게 젖어.

더 재밌는 영상!

흡혈박쥐에게 물리면 아플 것 같지만 실제로 통증을 거의 못 느낄 정도야.

캬! 피맛 좋다.

하지만 박쥐에게 물리면 감염될 수 있으니 꼭 병원에 가야 해요!

피맛이 꿀맛이네~

나도 먹고 싶다.

코의 신경 세포로 열을 감지해 따뜻한 피를 가진 동물을 찾아내.

뒤뚱 뒤뚱

잠깐 퀴즈!
피가 아닌 다른 먹이를 먹을 수 있을까?
정답은 절대 NO! 식도와 위가 가늘어서 먹을 수 있는 게 오직 '피'뿐이야. 하지만 많이 먹으면 하늘을 날지 못해 뒤뚱뒤뚱 걸어 다녀.

으악! 콩 피 냄새다

에그박사의 역대급 생물 상식

배고픈 친구를 위해 피를 토한다!

피비린내 나는 의리파

역대급 능력 ★★★★☆

갑옷을 두른 작은 동물
세띠아르마딜로

단단한 등껍질을 가진 동물 세띠아르마딜로! 어떤 동물의 공격도 거뜬하게 막아낼 것 같아요. 과연 세띠아르마딜로의 등껍질에는 어떤 비밀이 숨겨져 있을지 알아볼까요?

- 브라질
- 35cm~45cm
- 개미, 흰개미, 달팽이, 지렁이 등

더 재밌는 영상!

날씨 좋으니 쉬어 줘야지~

개미 냄새가 나는데?

도망가자! 헉!

아르마딜로는 스페인어로 '**갑옷을 입은 작은 녀석**'이라는 뜻이고, 등에 겹겹이 나누어지는 **띠가 세 개**라서 '세띠아르마딜로'야.

시력이 나빠 거의 앞이 안 보여. 대신 **후각은 완전 발달**! 냄새로 먹이를 찾아.

밤에 혼자 돌아다니는 걸 좋아해. **낮**에는 덤불 아래에서 쉬는 게 취미야.

피부가 변해서 **뼈처럼 단단해진 등딱지**가 머리부터 꼬리까지 뒤덮고 있어. 의외로 태어났을 때는 **말랑말랑해**.

오직 나만의 특기!

앞발의 발톱으로 개미 언덕에 구멍을 파서 **끈적끈적한 혀**를 집어 넣어 개미를 잡아먹어.

세띠아르마딜로는 아르마딜로 중에서 **유일하게 몸을 공처럼 말 수 있어**!

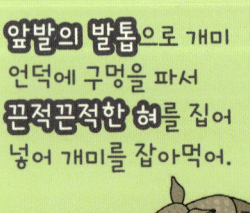

혀

후루룩

세띠아르마딜로의 딱딱한 등껍질로 남미의 **전통 악기**인 차랑고를 만들어. 지금은 나무로 만드니 걱정 마!

깨알 상식

2014년 브라질 월드컵 마스코트인 풀레코가 바로 세띠아르마딜로야. 세띠아르마딜로는 브라질의 토착 동물이거든!

훗! 날 따라 만들었군~

풀레코

이젠 걱정마!

에그박사의 역대급 생물 상식
딱딱한 등껍질은 맹수의 이빨도 막는다!

방탄 등껍질
역대급 능력 ★★★★★

숲속의 작은 양 **산양**

아슬아슬한 바위 절벽을 평지처럼 뛰어다니는 산양! 보는 사람의 간담을 서늘하게 하는 산양의 재주에는 어떤 특별한 비밀이 있는지 알아볼까요?

- 🌐 한국, 러시아, 중국 동북 지역
- 📏 105cm~130cm
- 🍽 풀, 바위 이끼, 산열매 등

암수 모두 약간 굽은 **원통형의 뿔**이 있고, 뿔에 있는 고리 모양으로 나이를 가늠할 수 있어. 또 **수컷은 얼굴에 사자처럼 갈기가 있어.**

산양은 양과 친척 관계지만 사실 **염소나 사슴, 영양**과 더 닮았어.

내 뿔에 반했지?

더 재밌는 영상!

훗~ 올 수 있으면 올라와 보렴!

언젠가 먹고 말 거야!

으아악!

전체적으로 회갈색 털로 덮여 있고, 뒤통수부터 꼬리까지 검은 털이 줄지어 나 있어. **목 아래에 반달 모양의 흰 털이 나 있어.**

호랑이, 표범, 늑대 같은 천적이 나타나면 **무조건 높은 바위나 절벽 위로 도망쳐.**

긴 꼬리를 치켜들면 하얗게 보여. 이것을 신호로 새끼들이 어미를 졸졸 따라다녀.

경사가 급한 절벽이나 바위가 많은 산악 지대에 살아. **암벽을 평지처럼 뛰어다니지.**

에헴~ 내가 바로 한반도 터줏대감이오!

에헴

발굽은 두 갈래로 갈라져 있어서 절벽 생활에 딱이야!

한 번 서식지를 선택하면 **평생 이동하지 않고 사는 습성이 있어.**

하루에 평균 **220여 개의 콩알처럼 생긴 똥**을 누는데 똑같은 곳에 계속 싸고 또 싸.

똥 자리만 찾으면 서식지 찾는 건 식은 죽 먹기!

알고 있니?
산양은 '**살아 있는 화석**'이라고 불려. 약 200만 년 전쯤부터 지금까지 모습이 거의 변하지 않았기 때문이야.

에그박사의 역대급 생물 상식
절벽에서도 절대 미끄러지지 않는다!

암벽 타기 고수
역대급 능력 ★★★★☆

두더지를 닮은 귀요미
북부짧은꼬리 땃쥐

덩치는 생쥐만 하고 생김새는 두더지 같은 북부짧은꼬리땃쥐! 하루 24시간을 쉴 새 없이 돌아다니는데요, 요 녀석이 이렇게 부지런히 돌아다니는 이유를 알아볼까요?

🌐 캐나다, 미국 📏 12cm~14cm 🍴 곤충, 지렁이, 달팽이 등

잎이 넓은 **활엽수가 많은** 숲에 살아. 습기가 많은 곳은 싫어해.

점을 콕 박은 것처럼 **눈도 작고 시력도 나빠.** 그래서 새끼들과 이동할 때 잃어버릴까 봐 서로서로 **엉덩이를 줄줄이 물고 이동해.**

더 재밌는 영상!

저 녀석이 또 내가 판 굴을!

굴을 파는 습성이 있지만 다른 동물이 파놓은 굴을 이용하는 편이야.

충격 주의!
쉴 새 없이 먹이를 씹다 보니 이빨이 쉽게 닳아. 이빨이 닳으면 먹이를 못 먹어서 굶어 죽어!

털은 회갈색인데 부드럽고 매끄러워.

그러니까 먹으란 거야, 먹지 말라는 거야~

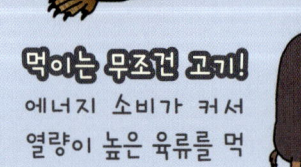
먹이는 무조건 고기! 에너지 소비가 커서 열량이 높은 육류를 먹어야 해.

꼬리는 2cm~3cm 정도.

알고 있니?
작은 체구의 북부짧은꼬리땃쥐가 멸종되지 않고 살아남은 필살의 무기!

하나. 사향샘!
천적이 나타나면 지독한 악취를 뿜어 쫓아버려.

둘. 음파 탐지!
눈이 나쁜 대신 '음파'로 먹이를 찾아.

셋. 이빨의 독!
독으로 먹잇감의 신경을 마비시켜.

늪지의 최강자 **악어**

물속에 몸을 담그고 조용히 먹이를 기다리는 악어! 그 모습을 보기만 해도 오싹오싹해요. 그런데 악어에게는 들키기 싫은 비밀이 많다고 해요. 그 비밀을 파헤쳐 볼까요?

🌐 열대와 아열대 지방의 강이나 늪　📏 1m~10m　🍴 물새, 사슴, 얼룩말, 멧돼지 등

악어는 약 **2억 4,000만 년 전**에 지구상에 나타나 지금까지 살고 있어서 '**살아 있는 화석**'으로 불려. 현재 파충류 중에서 덩치가 가장 커.

무서움 주의!
악어는 밤이 되면 눈이 **붉은색**으로 빛나. 특수한 색소가 망막에 반사되기 때문이야.

더 재밌는 영상!

아이고, 더워!
2억 4,000만 년 전부터 더웠어.

주둥이는 길쭉해. 악어가 입을 벌리고 있는 건 땀을 내보내고 몸을 식히기 위해서야.

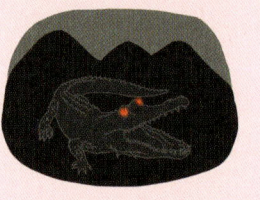
꼬리가 크고 아주 단단해서 적이나 먹잇감을 세게 후려쳐서 단번에 거꾸러뜨려.

등 전체를 **단단한 비늘판**이 뒤덮고 있어. 주위의 온도에 따라 체온이 변하는 **변온 동물**이라 햇볕을 쬐며 체온을 높여.

깨알 상식
이빨이 약 65개나 되는데도 먹이를 씹지 않고 으스러뜨린 후 삼켜 버려.

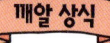
앞다리의 발가락은 5개로 짧아.

쳇, 거짓 눈물이군!

악어는 먹이를 먹을 때 **거짓 눈물**을 흘려. 눈물샘이 건드려져 자동으로 눈물을 흘리는 거야.

차라리 빨리 죽여라~!
난 꽉먹! 꽉 물어서 으스러뜨려 먹거든!

두꺼비를 닮은 도마뱀
뿔도마뱀

온몸에 뾰족뾰족한 뿔이 나 있는 뿔도마뱀! 덩치 큰 천적이 나타나도 전혀 걱정하지 않아요. 왜냐하면 누구에게도 없는 아주 특이한 무기가 있거든요. 한번 구경해 볼까요?

🌐 북아메리카와 중앙아메리카의 사막 지역　📏 6cm~10cm　🍽 개미, 거미, 귀뚜라미 등

우리 좀 닮았는데?

넓은 사막이나 반사막의 모래 지역에서 살아. 시원한 아침 저녁에 곤충을 잡아먹고, 밤에는 모래에 들어가 숨어 있어.

어? 어딨지?

저 찾아보세요~

더 재밌는 영상!

머리와 몸통에 뾰족뾰족 뿔이 나 있어서 '뿔도마뱀'이라 불려. 두꺼비를 닮아서 '뿔두꺼비'라고도 해.

몸 색깔은 갈색, 흑갈색 등 바위나 모래 색과 비슷해서 눈에 잘 띄지 않아.

무섭게 생긴 것과 달리 성격이 순하고 느릿느릿해.

사막에 사는 생물인 만큼 더위에 강해. 일광욕을 즐기는 장소의 온도가 무려 45℃! 시원하게 지내는 곳의 온도도 26℃나 돼.

45℃

딱! 좋은 온도야~

알고 있니?
가장 좋아하는 먹이는 독성을 가진 수확개미! 하지만 혀에서 점액이 분비되어 수확개미를 먹어도 안전해. 대신 뿔도마뱀의 피에 약간의 독성이 생기고, 아주 불쾌한 냄새가 나.

먹지 마! 그거 독개미라고!

덥썩

벌최애 반찬이야!

이미 먹음….

몸통이 둥글 납작한 타원형이라 도마뱀보다 두꺼비와 더 닮았어.

꼬리는 도마뱀치고는 좀 짧은 편!

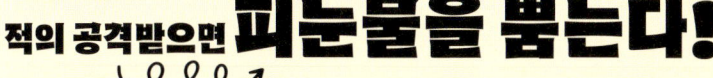

피눈물 공격
역대급 능력 ★★★★★

에그박사의 역대급 생물 상식
적의 공격받으면 피눈물을 뿜는다!

가장 큰 육지 거북
갈라파고스땅거북

느릿느릿 여유롭게 해안가를 기어가는 갈라파고스땅거북! 느긋한 행동이 조금은 답답해 보이지만 과학계에 한 획을 그은 주인공이었대요. 어떤 일이 있었는지 함께 알아볼까요?

- 갈라파고스제도
- 1.4m~1.8m
- 선인장, 산딸기 등 식물

갈라파고스 제도에만 살아. **몸무게는 400kg~500kg!** 지구상에 서식하는 **육지 거북** 가운데 몸집이 가장 커.

식물을 먹고 살아. 몸에 수분을 저장할 수 있어서 아무것도 먹지 않고도 1년 정도는 살 수 있어.

평소에 물을 엄청나게 마시거든.

꿀꺽 꿀꺽

나보다 124년이나 더 살았구나.

I'm 다윈

더 재밌는 영상!

평균 수명이 180년~200년이야. 육지 거북 중에서 가장 오래 살지. 다윈이 갈라파고스에서 데려온 거북 '해리엇'은 2006년 호주 동물원에서 약 176세의 나이로 숨졌어.

육지에서 사는 거북이라 헤엄은 능숙하지 않아.

난 역시 바다보단 육지야!

수영 실력은 더 키워야겠는걸?

네 덕분에 내가 진화론을 발표할 수 있었단다.

종의 기원 진화론이란?

다리는 짧지만, 힘이 강해서 **하루에 6km 정도**는 이동할 수 있어.

적절한 온도와 먹이를 찾아 매년 먼 거리를 이동해. 이때 몸에 붙어 있는 씨앗을 곳곳에 퍼트려서 '정원사'라는 별명이 생겼어.

화이팅!

건기에는 고지대로 올라가고, 우기에는 저지대로 내려오며 씨앗을 퍼트려요.

깨알 상식
갈라파고스제도는 태평양에 있는 외딴섬이야. 오랜 세월 외부와 단절되어 다른 곳에서 볼 수 없는 독특한 동식물들이 살며 진화했어. 생물학자 찰스 다윈은 이곳을 방문했다가 갈라파고스땅거북을 보고 영감을 받아 『종의 기원』을 썼어.

에그박사의 역대급 생물 상식

못해도 100년은 거뜬히 산다!

육지 장수왕
역대급 능력 ★★★★☆

갈라파고스땅거북 39

쪼글쪼글한 골룸쥐
벌거숭이두더지쥐

주름이 자글자글해서 골룸을 떠올리게 하는 벌거숭이두더지쥐! 돼지코 같은 콧구멍과 긴 뻐드렁니가 인상적이에요. 정체가 묘~한 이 동물에 대해 함께 알아볼까요?

🌐 아프리카 동부   📏 8cm~10cm   🍽 식물의 뿌리, 작은 벌레 등

"우린 역할에 따라 계급이 나뉘어져 있어."

벌거숭이두더지쥐는 **초원**에 **땅굴**을 뚫고 살아. 개미나 꿀벌처럼 **100마리** 정도 **무리**를 이루어 살지.

"악~!! 태어나자마자 노안이라니!"

몸에 털이 거의 없어! 갓 태어난 새끼처럼 **분홍색에 쭈글쭈글 주름투성이야.**

피부는 쭈글쭈글하지만 뜨거움을 잘 느끼지 못해. 사막의 땅속에 살면서 열로 인한 통증을 느끼지 못하도록 진화했거든.

눈이 아주 작고 거의 보이지 않아. 땅 밑에 살기 때문에 **시력이 퇴화했어.**

기다란 앞니가 앞으로 툭 튀어나와 있어. 이 뻐드렁니로 땅을 파내거나 적을 공격해.

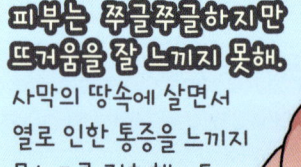

땅속에 길고 복잡한 굴을 뚫어서 기능에 맞게 방을 만들어 사용해. 정말 똑똑하지?

입술 부위와 발가락 끝에 100가닥 정도의 털이 나 있어. 주변을 감지하고 흙을 옮기는 역할을 해.

더 재밌는 영상!

심장과 폐의 기능이 발달해서 산소가 없는 곳에서도 **18분**까지 살 수 있어.

에그박사의 역대급 생물 상식
죽을 때까지 이 얼굴 그대로!

영원한 젊음
역대급 능력 ★★★★

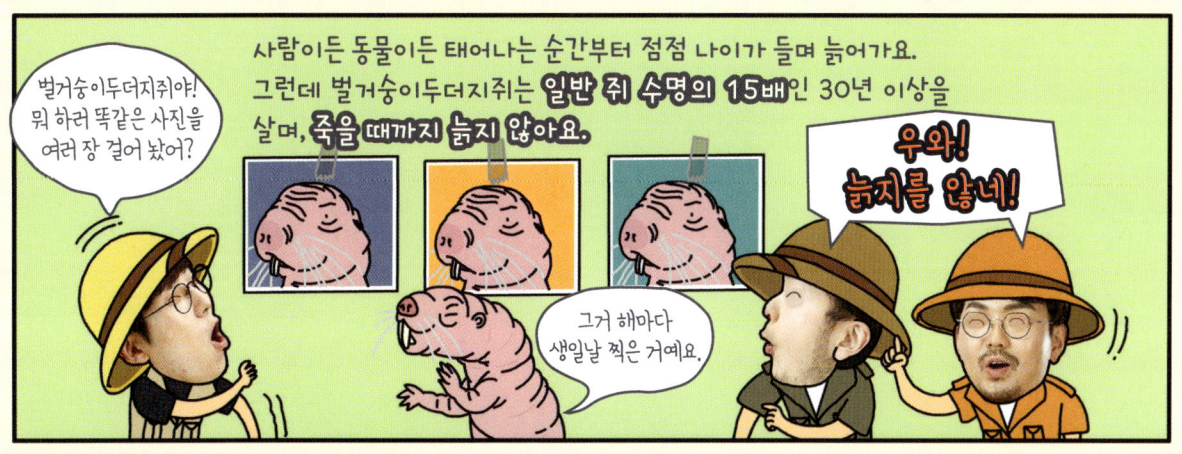

캐럴의 주인공 **순록**

산타클로스의 썰매를 끄는 빨간 코의 주인공 루돌프, 순록! 나뭇가지처럼 뻗은 뿔이 아주 멋져요. 우리의 루돌프, 순록에겐 밝혀지지 않은 비밀이 있다고 하는데 한번 파헤쳐 볼까요?

- 북극권의 산악 지역
- 1.2m~2.2m
- 순록이끼, 속새, 버드나무잎 등

영하 50°C까지 내려가는 추운 **북극 지역**에 살아. 하지만 뻣뻣한 **겉 털**과 부드러운 **속 털**이 이중으로 나 있어서 추위에도 끄떡없지.

암수 모두 **뿔**이 있지만 수컷 뿔이 더 커.

하지만 수컷은 겨울에 뿔이 빠지고 봄에 다시 자라.

훵~
좀 허전하구먼!

잠깐 퀴즈!
산타할아버지의 썰매를 끄는 동물은 누구?
정답은 순록! 사슴으로 오해를 많이 하는데 사실 루돌프는 순록이야.

순록은 썰매로 사람과 물건을 운반하고, 고기와 우유는 음식으로, 가죽으로는 옷이나 신발을 만드는 등 **북극권 원주민에겐 꼭 필요한 가축**이야.

계절에 따라 **눈 색깔이 바뀌어**. 여름철에는 햇빛을 많이 받아 **황금빛**이고, 겨울철에는 **푸른빛**을 띠어.

코는 까만색이지만 모세 혈관이 집중되어 있어서 추우면 쉽게 빨개져.

계절 따라 발굽 모양이 변해. 여름에는 걷기 좋게 발바닥이 스펀지처럼 변해. 반면, 겨울에는 눈을 헤치고 먹이를 쉽게 찾을 수 있게 발굽 테두리가 많이 드러나.

알고 있니?
태어난 지 하루 만에도 올림픽 단거리 육상 선수보다 더 빨리 달릴 수 있어. 다 자란 **순록의 최대 속도**는 **64km~80km**!

나 없으면 안 되죠?!
인정! 넌 북극의 보물이야.

에그박사의 역대급 생물 상식
순록 코가 빨개지면 아프다는 신호다!

빨간 코 아픈 코
역대급 능력 ★★★☆☆

캄캄한 북극의 하늘을 밝히면서 산타클로스의 썰매를 끄는 루돌프! 루돌프가 사실은 사슴이 아니라 순록이라지요? **그럼, 루돌프의 코는 왜 빨갛게 빛났던 걸까요?**

- 정답! 예쁘게 보이려고!
- 다쳐서?
- 열심히 달리니까 더워서!

땡! 전부 틀렸습니다!

순록의 코에 모세 혈관이 있는데, **혈관에 적혈구가 빽빽이 들어차 있어서 빨갛게 보이는 거예요.** 또 날씨가 추우면 체온을 올리려고 콧등으로 피를 많이 보내서 더욱 빨개진답니다.

- 우리는 사람보다 코에 모세 혈관이 25%나 더 많다고~
- 에고, 추워서 그랬구나! 내가 따뜻하게 해줄게!
- 으~ 추워!
- 맞아. 사람도 추우면 코가 빨개지잖아.

또 순록의 코에는 **코파리들이 구더기를** 낳아서 기생하는데요, 심하면 분비물과 피가 터져 나와 순록의 코가 빨개지고 반짝여 보인다고 해요. 그것도 모르고 빨간 코라고 놀렸던 순록에게 심심한 사과의 말을 전합니다~

- 구…. 구더기라니!!
- 흑, 코가 아픈 만큼 마음도 아주 아팠쪄~
- 코가 빨개지면 괴롭다는 신호인 걸 몰랐네~

돼지일까? 코끼리일까? 말레이맥

언뜻 보면 돼지 같기도 하고, 코끼리 같기도 한 말레이맥! 흑과 백의 뚜렷한 배색이 신비로워서 호기심이 생겨요. 말레이맥은 대체 어떤 동물인지 알아보러 다 같이 출발!

🌐 말레이반도와 미얀마 산림 지대 　📏 1.8m~2.5m　🍽 풀, 나뭇잎, 과일, 새싹 등 초식

"코끼리 조금, 곰 조금~, 돼지 조금~!"
"저게 나라고요?"

깨알 상식
중국에서는 조물주가 동물들을 만들고 남은 부분을 모아 말레이맥을 만들었다는 재밌는 전설이 있어.

등부터 허리까지만 흰색 털이 나 있어. 흑백 대비로 눈에 띌 것 같지만, 의외로 수풀에서 찾기 어려워!

"세상에서 수영이 가장 쉬워~"

특기는 헤엄치기! 천적에게 쫓기면 물속으로 슝~

말레이맥은 **말의 먼 친척뻘 되는** 동물이야. 낮은 산과 숲 지대에 살아. **낮에는 덤불 속에서 쉬고 밤에 활동해.**

"응?" "왜, 난 엄마하고 달라?"

새끼는 흰색 얼룩 줄무늬가 나 있어. 자라면서 점점 사라져.

꼬리는 아주 앙증맞아.

후각이 뛰어난 코를 항상 바닥에 박고 킁킁거려. **코끼리 코처럼 자유롭게 움직일 수 있어.**

"몸은 이래도 엄청 날쌔다고요!"

더러움 주의!
돌아다니며 **똥을 싸.** 똥에는 소화되지 않은 씨앗이 섞여 있어서 산림 여기저기에 **씨앗을 퍼뜨리는 중요한 역할을 해.**

"다 이유가 있어서 싸는 거라고요."

뿌직

"같이 가!" 헉 헉 다다다

알고 있니?
돼지처럼 보여서 엄청 둔할 것 같지만 몸이 아주 유연하고 산도 잘 타.

에그박사의 역대급 생물 상식
오줌을 눌 때 **스프레이처럼 발사한다!**

최악의 똥매너
역대급 능력 ★★★★☆

호주의 고라파덕
오리너구리

포켓몬스터 고라파덕의 실제 모델이 바로 오리너구리! 오리 주둥이에 몸은 너구리, 꼬리는 비버를 닮은 이 이상한 생명체의 정체를 샅샅이 파헤쳐 보자고요!

- 호주의 하천이나 습지
- 30cm~45cm
- 가재, 지렁이, 물속 곤충 등

호주에서만 볼 수 있는 생물로, **오리를 닮은 주둥이** 때문에 '오리너구리'라는 이름이 붙었어. 호주의 20센트 동전 모델이기도 해.

얼마나 유명하면 동전에도 들어갔을까?

꼬리가 **배의 노처럼 길고 편평하게** 생겨서 물속을 자유자재로 헤엄쳐 다녀.

몸 전체가 부드러운 **갈색 털로** 뒤덮여 있어. 자외선을 받으면 청록색으로 빛나.

오리너구리 **수컷은 뒷발에 독샘과 연결된 며느리발톱**이 있어. 이 발톱은 작은 동물 한 마리쯤은 가볍게 죽일 만큼 독성이 강해.

며느리발톱
독샘

찔리기 전에 날 자극하지 마랏!

앞발은 뒷발보다 물갈퀴가 발달했어. 땅에서 생활할 때는 물갈퀴를 접고 갈고리처럼 생긴 발톱을 사용해.

머리 앞쪽에 **작은 눈**이 있고, 눈 뒤쪽에 움푹 들어간 귓구멍이 있어.

부리 끄트머리에 앙증맞은 콧구멍이 있어.

충격 주의!
오리너구리는 포유류지만 젖꼭지가 없어! 배에 있는 피부의 구멍으로 땀처럼 젖이 스며 나오면 새끼가 핥아 먹어.

할짝~ 할짝~

부리는 부드럽고 물렁물렁해. 이빨이 없어서 이 부리로 먹이를 먹지. 또 상어처럼 **전기로 먹이를 감지할 수 있어서** 눈을 감고도 더듬거리면서 사냥해. 잡은 먹이는 입 안쪽에 있는 커다란 볼주머니에 저장해.

숨어 봤자 소용없어. 전류가 흘러서 다 안다고!

치지직

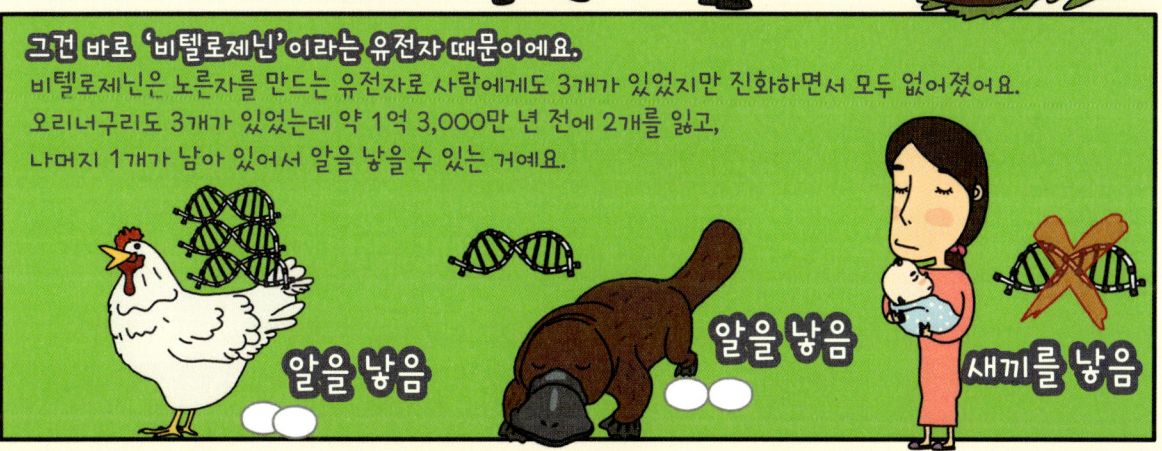

아프리카 최고 사냥꾼 리카온

아프리카에서 가장 사냥 성공률이 높은 리카온! 하지만 사자보다 덩치도 작고 치타만큼 빠르게 달리지도 못해요. 그런데도 최고 사냥꾼이 된 특급 비결을 알아볼까요?

- 아프리카의 열대 초원
- 76cm~112cm
- 누, 얼룩말, 임팔라 등 육식

리카온은 '아프리카 들개'로 불려. 생김새가 개와 하이에나를 닮아서 별명이 '하이에나 개'야.

"너 하이에나지?" — 하이에나
"아니거든! 리카온이라고!"
"우리 친척인가?" — 개

리카온은 **무리**를 지어 살아. 또 서열이 높은 암컷만 새끼를 낳을 수 있어.

"흑, 저 자리에 내가 있어야 하는데…." (암컷의 위엄)

이마에는 세로줄 무늬가 나 있고, 얼굴은 숯을 칠한 듯 까매.

귀는 체온 조절을 위해 크고 둥글어.

"아무리 씻어도 시커매~ 힝!"

평균 체온은 39℃로 높지만, 물을 많이 마시지 않아.

마흔 개의 이빨과 강력한 턱, 날카로운 송곳니는 리카온의 강력한 무기!

꼬리 털은 흰색!

다리가 가늘고 길어. 시속 50km~60km 속도로 1시간가량을 쉬지 않고 달릴 수 있어.

"그렇게 허겁지겁 먹다 체하겠다."
"안 그러면 우리가 먹힌다고요!"

리카온은 **먹잇감을 단숨에! 산 채로!** 먹는 특기가 있어. 왜냐고? 지체하면 천적이 피 냄새를 맡고 몰려오니까!

리카온의 특급 사냥 방법!

무리를 지어 이어달리기하듯 추격해. 그러다 사냥감이 지쳐 쓰러지면 한꺼번에 덮쳐서 잡아먹어. 사냥 성공률은 80%! (참고로 사자는 30%!)

"힘들어도 포기하지 마! 끝까지 쫓아간다!!"
"우와! 협동 정신 인정!"

에그박사의 역대급 생물 상식

사냥을 나갈 때 재채기로 투표를 한다!

최강 민주주의
역대급 능력 ★★★★★

호주 대표 잠꾸러기
코알라

동글동글한 눈, 숟가락 모양의 큰 코를 가진 귀여운 코알라! 인형처럼 귀여운 모습 뒤엔 어떤 모습이 숨겨져 있을지 무척 궁금한데요, 함께 찾아볼까요?

- 호주 남동부 숲
- 60cm~80cm
- 유칼립투스잎이나 새싹

캥거루와 함께 호주를 대표하는 동글동글 귀여운 동물이 바로 코알라야.

코알라는 **오직 유칼립투스잎만 먹어!** 유칼립투스잎에는 독성 성분이 있는데, 코알라는 이 독성 성분을 해독할 수 있게 진화했어.

포유류 중에서 뇌의 크기가 체중에 비해 가장 작아.

깨알 상식
코알라는 물을 거의 먹지 않아. **유칼립투스잎에서 수분을 섭취해.**

코알라라는 이름이 바로 '물을 안 먹는다.'라는 뜻이에요.

발은 두 갈래로 갈라지고 **발톱이 고리**처럼 생겨서 나뭇가지를 쥐면 떨어지지 않아.

더 재밌는 영상!

캥거루처럼 새끼를 배에 있는 주머니(육아낭)에서 키워. 덩치가 커지면 또 업어서 키우지.

나무에서 꼼짝하지 않아. 이런 습성 때문에 호주에 큰 산불이 일어날 때마다 많은 코알라가 불에 타 죽어.

다 이유가 있는 거란다~ 커~엉

코알라는 하루에 **20시간을 넘게 자.** 왜냐하면 소화하려면 에너지를 절약해야 하거든.

불이야! 얼른 도망가!
콜록 콜록 켁 켁

충격 주의!
새끼는 **어미의 배설물**을 빨아 먹는데, 이 배설물은 **'팹'**이라는 이유식이야. 똥처럼 보이지만 반쯤 소화된 유칼립투스잎이야.

팹을 먹어야 유칼립투스를 소화할 수 있어요.
쭙 쭙

슈퍼 울트라 느림보 나무늘보

온종일 나무에 매달려 꼼짝하지 않고 잠만 자는 나무늘보! 어쩌다 눈을 떠서 움직여도 느~릿 느~릿. 나무늘보의 움직임을 보면 답답해서 못 견뎌요. 도대체 왜 이렇게 느린 걸까요?

🌎 중앙아메리카에서 남아메리카에 걸친 열대 우림 📏 40cm~77cm 🍽 나무의 새싹, 잎, 열매 등

철봉에 매달리듯이 **주로 거꾸로 매달려 있어.** 밥 먹고, 잠자고, 새끼 낳는 것까지 전부 나무 위에서 해결해. **일주일에 한 번 똥오줌이 엄청 마려울 때만 땅으로 내려와.**

> 윽…급똥! 내려갈까? 내일 갈까?

나무늘보는 **1초에 약 5cm 정도** 움직여. 1시간 동안 꼬박 걸으면 16m 정도 간대. 그것도 마음먹었을 때만!

발톱은 **날카로운 휜 갈고리 모양**이야. 한번 나뭇가지에 매달리면 절대 떨어지지 않아.

뻣뻣하고 긴 털은 곤두서 있듯이 자라서 매달린 채로 비를 맞으면 물방울이 바닥으로 잘 떨어져.

나무늘보는 **목을 270° 회전**할 수 있어서 나무에서 움직이지 않고도 나뭇잎을 따먹을 수 있어.

270°

알고 있니?
털에 이끼가 잘 붙어서 털색이 **초록색**으로 보여. 그리고 털 사이사이엔 나방들이 함께 살아가고 있어.

잠깐 퀴즈!
나무늘보는 헤엄을 칠 수 있을까? 아닐까?
정답은 있다! 움직이는 건 싫어해도 수영은 아주 좋아해.

> 내가 유일하게 빨리 움직이는 순간이지. 호호.

첨벙 첨벙

야행성이라 해가 지면 활동하고, 낮에는 주로 잠을 자.

> 아흠~졸려. 오늘 20시간 넘게 잤나?

에그박사의 역대급 생물 상식

의외로 하루에 나뭇잎 세 장만 먹고 산다!

사막의 일꾼 **쌍봉낙타**

뜨거운 태양 아래 끝없이 펼쳐진 사막을 걷는 낙타!
이 척박한 환경에 적응하며 살아가는 낙타의 신비한 능력은
무엇인지 함께 알아볼까요?

🌐 몽골의 고비 사막, 이란, 등   📏 2.2m~3.5m   🍽 사막 식물, 잎

낙타는 5천~6천 년 전부터 사람을 도운 일꾼이야. 사람도 태우고 무거운 짐도 옮겨 줘서 '**사막의 배**'라는 별명이 붙었어.

사막에서 나 없으면 안 될걸요?

인정!

난 몸집도 크고 걷는 속도로 빨라!

쳇, 난 힘이 세! 무거운 짐을 잘 운반한다고!

낙타는 혹이 1개면 **단봉낙타**, 2개면 **쌍봉낙타**라고 해. 낙타의 90%가 단봉낙타야.

깨알 상식
낙타의 등에 난 혹은 물이 아니라 **지방 덩어리**야.

기다란 속눈썹과 쌍꺼풀은 모래가 들어가지 않도록 해 줘.

그윽한 눈매는 나의 매력 포인트!

사막의 극심한 더위와 추위에 적응되어서 **영하 29℃**까지 견딜 수 있어.

알고 있니?
몇 주 동안 굶어도 버틸 수 있는 비결은 바로 등에 있는 혹! **혹 안에 지방**을 모아 두었다가 먹을 것이 없을 때 분해해서 에너지로 바꿔.

특기는 콧구멍 여닫기. 덕분에 모래바람이 코에 들어가지 않아.

내 든든한 비상식량이에요.

넌 등에 있구나! 난 배에 있는데~

다리가 길고 무릎은 **굳은살**로 되어 있어서 뜨거운 열기에 강해.

발바닥이 넓적해서 모래 위를 걸을 때 빠지지 않아.

성질이 더러워서 화가 나면 라마처럼 침을 뱉어!

으악! 퉷

에그박사의 역대급 생물 상식

물을 마시면 풍선처럼 **몸이 부풀어 오른다!**

물 마시기 달인
역대급 능력 ★★★★☆

사람의 몸은 수분이 70%예요. 그중 10% 정도의 수분이 빠져나가면 혈액이 탁해져서 목숨을 잃어요.

하.지.만!! 낙타는 몸무게의 40%나 되는 수분이 빠져나가도 죽지 않고 살 수 있어요.

큰일이야! 물이 다 떨어져 가는데 어쩌지? 우리 둘이 나눠 마시기에 너무 부족해.

제 걱정은 하지 마시고 박사님 혼자 다 드세요! 전 물 없이도 한 달 정도는 끄떡없거든요~

노노!

헉헉! 나디야, 괜찮이? 조금만 더 가면 오아시스니까 조금만 참아!

대신 몸이 빼빼 마른답니다. 왜냐하면 낙타는 혈액이 아니라 몸의 조직에 들어 있는 수분을 쓰기 때문이에요.

이 정도쯤은 뭐…. 살짝 목마르다 정도?!!

그럼, 낙타가 다시 물을 마시면 어떻게 될까요? 물이 위장을 지나 몸 여기저기로 전해지며 물을 저장해요. 바로 이때 빼빼 말랐던 몸이 포동포동 부풀어 오르는 거예요. 그래서 낙타는 한 번 물을 먹을 때 엄청난 양을 마신답니다.

헤헤, 135L 정도는 한 번에 마셔~~줘야 목 좀 축였다 할 수 있죠~

우뚝

꿀꺽

오아시스

꿀꺽

우리 쌍봉이도 목이 많이 말랐나 보구나! 물을 마시는 게 아니라 완전 흡입 수준이네~

달팽이
독화살개구리
베짱이
폭탄먼지벌레
늦반딧불이
잠자리
잎꾼개미
타이탄하늘소
철갑딱정벌레(디아볼리쿠스혹거저리)
벼룩
장수말벌
난초사마귀
나미브사막거저리
누에
사막메뚜기
거품벌레
마른나무흰개미

느림의 대명사 달팽이

비 오는 날이면 어김없이 나타나는 달팽이! 너무 느려 답답하면서도 그 모습을 빤히 보고 있으면 마음이 평화로워져요. 이번 생물은 느림보 달팽이예요!

- 한국, 중국, 일본 등
- 0.1cm~38cm
- 풀잎, 이끼, 나뭇잎

피부로 호흡해서 몸에 습기가 필요해. 그래서 **습기가 많은 밤**이나 **비가 올 때** 나와 먹이 활동을 해.

축축한 게 좋아.

첫, 껍데기 없는 민달팽이도 있다고!

쟤도 달팽이야?

껍데기는 줄무늬 나사 모양인데 달팽이마다 모양이 다양해.

껍데기 방향이 같은 것끼리만 짝짓기할 수 있는데, 대부분 **오른쪽으로 감겼어**.

내 짝은 어디에 있는 거야~

왼나사 달팽이

달팽이는 똥 색깔이 아주 다양해. 먹이의 색소를 분해하지 못해서 먹이 색 그대로 똥으로 내보내거든.

달팽이 컬러 파워 똥!

뿡~ 뽕~ 풀

암수가 한 몸인 생물이지만, 다른 짝을 찾아 짝짓기해.

머리에 **2쌍의 더듬이**가 있어. 큰 더듬이 끝에는 눈이 달렸는데, 밝음과 어두움만 구별할 수 있어. 작은 더듬이는 코의 역할을 해.

작은 더듬이 사이에 입이 있어.

알고 있니?
달팽이가 지나갈 때마다 나오는 **점액(끈끈한 성질의 액체)**은 몸을 보호하고, 미끄러지지 않게 해 줘. 그래서 어디든 딱 붙게 할 수 있지.

점액 덕분에 날카로운 칼 위를 지나갈 수 있어.

달팽이 점액은 피부도 부드럽게 해. 나는야 피부 미남~

더 재밌는 영상!

깨알 상식
프랑스에서는 '에스카르고'라는 달팽이 요리가 유명해.

콩콩 음~

귀여운 독살자
독화살개구리

몸집이 앙증맞고 색깔이 화려한 독화살개구리! 한번 만져 보고 싶지만 절대 만져서는 안 된다고 해요. 대체 그 이유가 뭔지 함께 찾아볼까요?

🌐 중앙아메리카와 남아메리카의 열대 우림 📏 1cm~3cm 🍽 독이 있는 작은 곤충

독화살개구리는 175종이나 되는데 공통점은 **화려한 색과 무늬!** 적에게 알리는 경고 신호 같은 거야.

"너희 몸에 색칠했니? 뷰티풀~! 너무 예쁘다~"

"박사님 저희에게 반하셨죠?!"

ㅋㅋㅋ

깨알 상식
옛날 라틴아메리카의 원주민들이 개구리 몸에서 나온 독을 화살촉에 묻혀 사냥했대. 그래서 '독화살개구리'라는 이름이 붙여졌어.

"독화살로 멧돼지 좀 잡아 볼까~"

슥슥 "뭐 하는 짓이지?"

황금독화살개구리는 1mg의 독으로 약 20명의 사람을 죽일 수 있어. 그래서 **천적도 없지.**

눈이 아주 커서 빠른 곤충도 절대 놓치지 않아.

"파리! 너, 딱 걸렸어!"

샥—

위험을 느끼면 피부에서 **독이 뿜어져 나와.** 특히 등과 양쪽 귀 옆에서 집중적으로 나오지.

억!

"내 독 맛 어때? 끝내주게 독하지?"

더 재밌는 영상!

발가락 끝이 **뭉툭**하고 **끈적끈적해.** 축축한 나뭇잎이나 나무껍질을 타고 올라가기에 딱이야.

암컷은 젖은 잎사귀에 알을 낳아. 그럼 부화한 올챙이를 수컷이 등에 업어 물웅덩이로 옮겨 줘.

다리가 전체 **몸무게의 25%**를 차지할 정도로 튼튼해.

"아빠가 축축한 곳으로 데려다줄게."

알고 있니?
독화살개구리의 독은 암 환자의 통증을 줄여 주는 진통제로 쓰여.

"우리 독이 좋은 일도 한다고!"

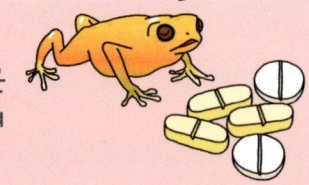

소문난 게으름뱅이 베짱이

여름밤, 쓰익쩍 쓰익쩍 아름다운 노래를 들려주는 베짱이! '개미와 베짱이' 이야기 덕분에 아주 친근하게 느껴져요. 하지만 이 이야기 때문에 베짱이가 고통받고 있다는데, 무슨 사연일까요?

- 한국, 일본, 중국
- 30mm~36mm
- 살아 있는 곤충

9월~10월에 풀밭이나 얕은 수풀에서 **단독 생활**을 해. 수컷이 암컷을 부르며 우는 소리가 베를 짜는 베틀 소리와 비슷해서 '베짱이'라고 불려.

쓰이익 쩍

충격 주의!
수컷은 겉 날개끼리 빠르게 비벼서 소리를 내어 암컷을 유혹해. 하지만 운이 나쁘면 천적이 찾아올지도.

이 땅에 자손을 남기기 위해 목숨 걸고 노래하는 거라고~

으악! 귀 아파~

내~ 사랑을 받아주오~

쓰이익 쩍~

몸 색깔이 전체적으로 녹색! 머리 앞부분부터 등을 따라 **적갈색의 무늬**가 있어.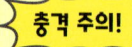

낮엔 천적을 피해 숨어 있다가 **밤에 활동해**. 긴 더듬이로 풀 사이를 헤치며 먹잇감을 찾아.

암컷은 **1년에 한 번** 겨울이 오기 전에 나뭇잎이나 나무줄기 안에 산란관을 **꽂아서 알을 낳고 죽어**.

끼응

앞다리의 **종아리 마디에 고막**이 있어서 소리를 들을 수 있어.

다리가 가늘고 길어서 폴짝폴짝 뛰기에 알맞아. **가시털**은 사냥한 먹이를 꽉 잡을 수 있어.

더 재밌는 영상!

잠깐 퀴즈!
베짱이는 초식 곤충일까~ 육식 곤충일까? 정답은 육식 곤충! 주로 살아 있는 작은 곤충이나 개구리를 잡아먹어.

헉! 그럴 수가!

전 풀에 살지만, 풀은 먹지 않는다고요!

정포

수컷은 짝짓기할 때 암컷의 엉덩이에 **'정포'**라는 흰색 덩어리를 붙여 줘. 암컷은 짝짓기가 끝난 후 정포를 먹는데 **영양가가 많아서 알을 더 많이 낳을 수 있어.**

에그박사의 역대급 생물 상식
알고 보면 가장 억울한 곤충이다!

최고 억울왕
역대급 능력 ★★★☆☆

이솝 이야기에 나오는 '개미와 베짱이' 이야기를 알고 있나요? 개미는 부지런히 일을 하지만 베짱이는 한가롭게 노래를 부르며 놀아요. 그러다 겨울이 되자 개미를 찾아가 구걸하지요. 이 이야기로 베짱이는 게으름뱅이의 대명사가 되었는데요, 베짱이는 정말 게으름뱅이일까요?

베짱이

숲속의 청소부
폭탄먼지벌레

캄캄한 밤 숲속을 조용히 기어다니는 폭탄먼지벌레! 이 작은 벌레는 아주 무시무시한 방법으로 자기 몸을 보호한다고 하는데 어떤 방법인지 한번 알아볼까요?

🌐 한국, 일본, 중국 등   📏 11mm~18mm   🍴 작은 곤충, 썩은 고기

뽕 뽕

폭탄먼지벌레는 딱정벌레 종류의 곤충이야. 먼지를 일으킬 정도로 빨리 돌아다녀서 '먼지벌레'라고 해. 그리고 스컹크처럼 **독한 방귀를 뀌어서** '방귀벌레'라고도 불러.

"슬슬 밤마실 나가 볼까?!"

낮에는 돌멩이나 낙엽 아래에 숨어 있다가 밤에 **나와서 먹이를 찾아다니지.**

더듬이가 있고 머리 정수리에 **검은색 반점**이 있어.

"네 덕분에 숲이 깨끗해졌어! 고마워~"

전체적으로 **검은색**이고, 노란색으로 무늬가 나 있어. **화려한 무늬**는 위험한 곤충임을 알리는 신호야.

"썩은 냄새가 끝내주네~"

짝 짝

냠 냠

꽁무니 근육을 180° 움직여 **자유자재로 방귀 뀌는 각도를 조절할 수 있어.**

낙엽이 가득 쌓인 **축축하고 습한 땅** 이면 어디든 살아.

별명은 '숲속 청소부'. 각종 해충을 잡아먹고, **죽어 가는 곤충이나 썩은 고기도 먹거든.**

더 재밌는 영상!

폭탄먼지벌레의 최대 무기는 바로 **방귀!!** 자기 몸보다 수십 배 큰 포식자도 전혀 두려워하지 않아. 포식자가 삼켜 버려도 위 속에서 독한 방귀를 뀌면 알아서 뱉어 내거든.

"박사님을 향해! 연속 방귀 발사!"

"이게 뭐야!! 켁켁!"

우웩!

"탈출 성공!"

수컷 / 암컷

수컷은 딱지날개가 꼬리 끝에 닿을 정도로 길고, 암컷은 길이가 짧고 작아. 암컷이 수컷보다 커.

늦여름의 불빛 축제
늦반딧불이

가을밤의 어두운 숲을 반짝반짝 빛내 주는 늦반딧불이! 밤하늘을 아름답게 수놓은 늦반딧불이에겐 무시무시한 비밀이 숨어 있다고 하는데, 과연 무엇일까요?

한국, 일본, 중국 | 5mm~18mm | 달팽이(애벌레), 물(성충)

우리나라에서 가장 큰 반딧불이야. 보통 반딧불이보다 늦은 8월 말~9월에 활동해서 '늦반딧불이'라는 이름이 붙여졌어.

잠깐 퀴즈!
늦반딧불이 애벌레는 불빛을 낼까? 안 낼까? 정답은 꽁무니에서 불빛을 낸다! 애벌레는 2년 동안 땅에서만 지내.

깨알 상식
애벌레의 최애 먹이는 달팽이! 개똥 주변에 사는 달팽이를 먹으려고 개똥 주변으로 모여들었더니 자연히 '개똥벌레'라고 불리게 되었어.

암컷, 수컷, 애벌레의 생김새가 모두 달라. **수컷에게만 검은 딱지날개가 있어.**

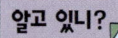

알고 있니?
늦반딧불이는 성충이 되면 짝짓기에만 집중하는데 해 질 녘 한 시간 정도만 빛을 내. 가로등이 있으면 암수가 서로 찾을 수가 없어서 번식이 힘들어.

충격 주의!
늦반딧불이 암컷은 날개가 퇴화하여 날지 못해. 풀밭에서 불빛을 보내면 수컷이 날아 와 짝짓기를 해. 수컷은 암컷의 불빛을 보려고 눈이 발달했어.

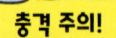

꽁무니에서 불빛이 나와. 1초 간격으로 깜빡이는 다른 반딧불이와 달리 늦반딧불이는 형광 노란 빛이 꺼지지 않아.

에그박사의 역대급 생물 상식

늦반딧불이 애벌레는 달팽이만 먹는다!

달팽이 사냥꾼
역대급 능력 ★★★★☆

가을 하늘의 마스코트 잠자리

기다란 막대기 같은 몸통에 얇은 날개를 팔락거리는 잠자리! 봄부터 가을까지 흔히 볼 수 있는데요. 너무나 익숙해서 우리가 모르고 지나치는 능력이 많다고 해요. 함께 알아볼까요?

- 전 세계
- 2cm~20cm
- 모기, 파리, 하루살이, 나방 등 작은 곤충

곤충 중에서 비행 실력이 최고! 날면서 빠른 속도로 회전할 수 있고, 위아래로 방향을 바꿀 수 있어. 공중에 떠 있을 수도 있고 **후진도 가능해!**

잠자리는 비교적 잡기 쉬운데, 이때 **다리나 몸통을 잡아야 해.** 날개를 오랫동안 잡고 있으면 놓아주어도 날기 힘들어.

우와! 빠르다!

내 비행 기술과 비슷한걸!

더 재밌는 영상!

우리나라에 사는 대형 잠자리인 왕잠자리

얇은 막으로 된 **2쌍의 날개**는 각각 따로 움직여서 나는 속도가 아주 빨라.

잠깐 퀴즈!
잠자리가 뜨거운 여름을 피하는 법은? 정답은 물구나무서기! 이렇게 하면 햇볕이 닿는 면적도 줄어들고, 땅에서 올라오는 열도 덜 받아서 시원하대.

가느다란 목으로 머리를 회전시킬 수 있어.

겹눈 / 홑눈 / 더듬이 / 이마 / 턱판 / 아래턱

눈은 한 쌍의 겹눈과 3개의 홑눈으로 이루어져 있어. 겹눈은 사방을 볼 수 있고, 홑눈으로는 밝고 어두움, 멀고 가까움을 파악할 수 있지.

잠자리의 최애 먹이는 **모기!** 모기 외에도 꽃매미, 하루살이, 파리 등 **해충들을 잡아먹는 고마운 익충**이야.

잠자리 덕분에 모기 걱정 뚝!

에그박사의 역대급 생물 상식

잠자리의 눈은 2만 개가 넘는다!

눈 부자

역대급 능력 ★★★☆☆

잠자리를 잡으려고 살금살금 다가가 본 적이 있나요? 그럴 때면 잠자리가 귀신같이 알아채고 휘리릭 날아가 버려요. 혹시 잠자리는 뒤통수에도 눈이 달린 게 아닐까요?

잠자리의 머리에는 아주 커다란 '겹눈'이 있어요. 겹눈은 겉보기엔 볼록한 두 개의 눈이지만, 눈 속에 또 다른 눈인 '낱눈'이 들어 있답니다. 낱눈의 개수는 무려 1만~2만 8천 개!

이렇게 많은 낱눈에는 모두 시신경이 연결되어 있어 앞과 옆은 물론 뒤까지, 머리를 돌리지 않고도 360° 모든 방향을 또렷하게 볼 수 있어요. 그러니 아무리 살금살금 다가가도 들킬 수밖에 없겠죠.

나뭇잎 자르는 개미
잎꾼개미

눈에 보이지도 않을 정도로 작은 몸집의 잎꾼개미! 잎꾼개미에겐 어떤 사연이 있길래 이토록 열심히 나뭇잎을 이고 지고 옮기고 있는 걸까요? 그 궁금증을 해결하러 고고!

- 중남미의 열대 우림
- 일개미 2mm, 여왕개미 2cm
- 직접 농사를 지은 버섯

잎을 가위처럼 잘라서 '가위개미'라고도 불러.

잎꾼개미는 잎을 잘라 나무꾼처럼 운반해.

쑥쑥 잘 자라라~ 퉤! 우엑!

먹이는 버섯인데 **직접 버섯을 농사지어 먹어!** 그런데 나뭇잎은 왜 가져가냐고? 씹어서 버섯에 필요한 거름으로 사용하거든.

나뭇잎 위에서 편히 가는 잎꾼개미도 있는데 사실 기생파리가 개미 몸에 **알을 낳지 못하도록 보호하는 거야.**

저리 썩 꺼져! 고마워!

내가 숲속의 가위턱이라고! 대박!

사각 자각

턱은 **낫 모양**으로 날카롭게 생겨서 나뭇잎을 잘 잘라. 턱 힘도 무척 세서 자기 **몸무게의 10배 이상**을 들 수 있어.

더 재밌는 영상!

우리나라에서 키우는 건 불법! 유일하게 사육을 허락받은 **국립생태원**에 가야만 잎꾼개미를 관찰할 수 있어!

잎꾼개미는 흰색 가루처럼 보이는 공생 박테리아를 몸에 두르고 둥지 곳곳을 돌아다니며 **곰팡이를 소독해.**

깨끗한 먹이를 먹으려면 부지런해야 해.

잎꾼개미는 **철저히 분업**을 하는데 몸의 크기와 나이에 따라 역할이 정해져.

대형개미 - 개미와 굴을 지키는 병사!
중형개미 - 잎을 나르는 개미를 보호하는 보디가드!
소형개미 - 나뭇잎을 잘라 옮기는 배달꾼!
초소형개미 - 버섯 키우는 정원사!
젊은 개미 - 알과 애벌레 돌보는 보모!
늙은 개미 - 썩은 버섯을 버리는 청소부!
여왕개미 - 번식을 책임지는 여왕개미!

개미집은 무리에 따라 크기가 다른데 수백 개의 **방이 고구마 뿌리처럼 연결되어 있어.**

세계에서 가장 큰 하늘소
타이탄하늘소

손바닥을 꽉 채울 만큼 큰 타이탄하늘소! 언뜻 바퀴벌레와 닮아 보여 썩 유쾌하진 않지만, 타이탄하늘소만의 매력 속으로 빠져 볼까요?

🌏 남아메리카 아마존강 유역 📏 8cm~16.7cm 🍽 썩은 나무(유충), 성충은 확인되지 않음

최대 몸길이 약 17cm! **세계에서 가장 큰 하늘소야.** 그리스 신화의 거대 신 '티탄'에서 이름을 따 '타이탄'이라고 부르게 되었어.

뽀각!

집게 턱은 힘도 세고 날카로워. 턱 사이에 연필을 끼우면 반토막 낼 수 있을 정도!

더 재밌는 영상!

나처럼 크구나!

티탄님 덕분에 멋진 이름을 가졌어요!

16.7cm

바퀴벌레라고 하면 꽉 물어 버릴 거야!

더듬이는 **12마디**가 있어. 몸통은 **머리, 가슴, 배**로 나뉘어 있어.

내가 제일 커!

넌 뿔이 절반이잖아! 몸통으론 내가 더 커!

샥~

체격은 크지만, 옆에서 보면 얇은 편! 무게도 25g으로 크기에 비해 가벼워. 대신 아주 민첩해!

우리나라 곤충 중에 톱하늘소와 비슷하게 생겼어.

에너지를 최대한 아껴서 사랑의 반쪽을 찾을 거야.

주로 발견된 타이탄하늘소는 거의 수컷인데, 불빛으로 유인해 잡을 수 있어. 암컷은 불빛에 날아오지 않고 나무에만 머물러 있어.

난 등이 둥글면서 두둑해.

난 납작하고 길쭉해!

최대 5cm 톱하늘소

꼬르륵

수컷은 죽을 때까지 아무것도 먹지 않아. 애벌레 시기에 모은 에너지는 짝을 찾을 때만 사용해.

찾았다! 얼굴 한 번만 보여 주라~

여기가 제일 아늑해! 날아갈 생각 전혀 없다고요!

에그박사의 역대급 생물 상식

크기만큼 가장 비싼 곤충이다!

최고 몸값

역대급 능력 ★★★☆☆

타이탄하늘소는 **남미 곤충의 3대장**이라고 알려질 만큼 세계에서 가장 큰 곤충 중 하나예요. 하지만 거의 모습을 보기도 어려워서 몸값이 아주 대단하다는데요.

놀라지 마세요!!!
타이탄 하늘소의 한 마리 값이 무려 400파운드랍니다. 한국 돈으로 환산하면 약 70만 원!
그런데 더 놀라운 사실은!!!

타이탄하늘소 애벌레가 성충으로 자라기 전에 사라진다는 거예요. 왜냐고요? 원주민들이 단백질 섭취를 위해 애벌레를 잡아먹어 버린다는군요. 그래서 타이탄하늘소는 지금 **멸종** 위기에 놓여 있답니다.

타이탄하늘소

우툴두툴 등껍질
철갑딱정벌레
(디아볼리쿠스혹거저리)

몸을 감싼 껍질이 나무껍질 같기도 한 철갑딱정벌레! 몸집이 겨우 엄지손톱만 하지만 어마어마한 힘을 갖고 있다는데요, 과연 어느 정도의 힘인지 한번 알아볼까요?

🌐 미국 서부, 멕시코의 참나무 숲　　📏 1.5cm~2.5cm　　🍴 곰팡이

얌얌
미국 서부 해안 **건조한 지역의 참나무 껍질 아래**에서 곰팡이를 먹으며 살아.

음냐음냐~ 쿰쿰한 곰팡이 얼마나 맛있게요~

철갑 차만큼 튼튼해.

단단한 딱지날개가 몸을 보호해. 강철판을 씌운 장갑차처럼 아주 튼튼하지.

딱지날개가 딱딱하게 진화했어. 비록 날 수는 없지만 외부의 힘을 견디고 분산시키는 데는 최고야.

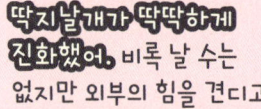

여기 있다고요!
철갑딱정벌레야~ 어딨니?
두리번 두리번

등의 우툴두툴한 질감이 꼭 나무껍질 같아서 눈에 잘 띄지 않아.

알고 있니?

처음에 철갑딱정벌레를 발견한 곤충학자가 표본을 만들려고 하자 핀을 꽂을 수가 없어서 결국은 **드릴로 뚫어 고정했다**고 해.

깨알 상식

딱정벌레는 보통 1년을 넘게 살지 못하는데, 철갑딱정벌레는 단단한 등껍질 덕분에 **7년~8년**이나 살아.

천적인 새나 개구리 등에 들키면 **죽은 척 돌멩이 흉내**를 내.

무게가 딱 좋네!
자기 몸무게의 몇 배를 드는거야?!
으쌰!

몸이 단단하니까 오래 사네그려.
후들 후들

어이? 방금 움직이는 거 봤는데?
툭툭
죽은 척

철갑딱정벌레가 견딜 수 있는 최대 무게는 **몸무게의 3만 9천 배**! 몸무게 60kg 나가는 사람이 화물차 2,340대를 드는 것과 같아.

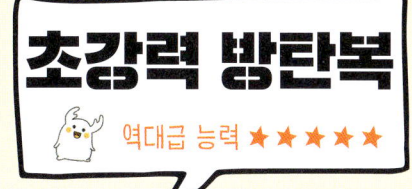

높이 뛰는 기생충
벼룩

눈에 잘 보이지도 않을 정도로 작은 곤충 벼룩! 하지만 절대 무시할 수 없는 위험한 존재예요. 글쎄 이 작은 곤충이 역사를 뒤흔들어 놓았다는데 대체 무슨 일을 벌였을까요?

🌐 전 세계   📏 2mm~4mm   🍽 포유류와 조류의 피

"저, 저리 가! 내 피는 맛없다고!"

"박사님 안녕하세요!"

벼룩은 동물의 몸에 뛰어올라 달라붙어 피를 빨아 먹고 사는 **기생 곤충**이야.

몸통은 **좌우로 납작한 모양**이라 동물의 털 사이를 기어다니기 편해.

"털 사이로 막 가~"

붉은 갈색을 띠며, **빳빳한 털**이 많이 나 있어.

특기는 **높이뛰기!** 기다란 뒷다리로 **몸길이의 200배**를 뛸 수 있어.

입이 모기처럼 생겨서 피부에 찔러 **피를 빨아 먹어.**

쭈욱!

"읏차!" 30cm, 20cm

몸은 깨알같이 작아. 배가 몸의 대부분이지.

15℃ 이상의 **따뜻하고 습한 환경**에서 잘 살아.

"이렇게나 많아!"

"긁어도 긁어도 가려워."

벅벅

"간지러워요! 박박 좀 빗어 봐요!"

충격 주의!
암컷은 피를 빨아 먹고 **매일 약 50개 정도의 알**을 먼지 속에 낳아. 평생 2,000여 개의 알을 낳지.

벼룩에게 물리면 엄청 간지러운데 한 번에 여러 군데를 물어서 괴로워. 만약 물렸다면 병균이 들어갈 수 있으니 빨리 병원으로 가!

깨알 상식
벼룩이 있는지 없는지 확인하고 싶다면?! 흰 양말을 신어 봐! 검은 점이 묻어난다면 벼룩이 있는 거야! 그리고 촘촘한 빗으로 반려동물의 털을 빗으면 확인할 수 있어.

곤충계의 킬러
장수말벌

커다란 눈과 노란색 바탕에 검은 줄무늬를 가진 장수말벌! 몸집이 큰 곤충들은 물론이고 사람까지 벌벌 떨게 하는 무서운 존재예요. 과연 얼마나 포악한 사냥꾼인지 알아볼까요?

🌐 한국, 일본, 중국, 대만   📏 33mm~40mm   🍽 곤충의 체액이나 나무 수액

"천적이 없는 '곤충계의 킬러'라고 할까?"

더 재밌는 영상! [QR]

깨알 상식
장수말벌의 **천적은 곰**! 그래서 검은색만 보면 예민해지니 산에 갈 땐 되도록 **검은색은 피해 줘!**

자기 몸보다 훨씬 큰 사슴벌레, 사마귀 등도 손쉽게 사냥해. 심지어 다른 꿀벌까지 모조리 공격하지.

장군처럼 크고 세다고 해서 '**장수말벌**'이라고 해. 지구상에서 제일 큰 말벌이야. 꿀벌이 가진 독의 최대 550배가 많고 강해!

"난 곰이 아니라고~"

공격! 으아악!

"많이 먹거라."

머리가 크고, **겹눈**이 보일 정도로 뺨도 커.

성충은 **곤충의 체액**을 먹고, **고기**는 잘게 다져 애벌레에게 먹여!

땅속이나 **그루터기** 근처에 집을 지어. 그래서 산과 숲에 많아.

침은 소방복을 뚫을 정도로 단단하고 여러 번 찌를 수 있어.

"우리집을 부수면 가만 두지 않을 거예요!"

"등산 다닐 때 조심하세요!"

"안 돼! 내 꿀벌들!!"

도망가자

공격!

알고 있니?
장수말벌은 페로몬을 꿀벌 집에 발라서 동료들을 모아 **집단으로 공격해**. 장수말벌 10여 마리가 모이면 꿀벌 집이 초토화되지.

벌이지만 꿀벌처럼 **꿀을 만들지는 못해.**

꽃보다 예쁜 곤충
난초사마귀

살랑살랑 움직이는 연분홍빛의 아름다운 난초사마귀!
아름다운 꽃처럼 움직이다 갑자기 곤충을 날름 잡아먹어요.
아름다움 뒤에 감춰진 이 녀석의 잔혹함을 살살이 파헤쳐 볼까요?

🌐 인도네시아, 동남아시아　📏 암컷 7cm~8cm, 수컷 2.5cm~3.5cm　🍽 벌, 나비, 파리 등 곤충

나비야~ 나비야~ 이리 날아오너라~ ♬♪

으악!

생김새가 난초꽃을 쏙 빼닮았어. 그래서 꽃잎 위에 숨어 있다가 나비가 오면 확! 낚아채서 잡아먹어.

목을 움직일 수 있어서 주변을 둘러보며 먹이를 쉽게 찾아.

난초사마귀는 열대 우림에 살아. 아무리 예뻐도 우리나라에서 키우는 건 불법!

두 눈과 돌출된 입이 꽃의 수술과 암술처럼 보여.

예쁜 생김새 때문에 해외에서는 반려 곤충으로 키우기도 해.

다리에 톱날 같은 가시가 돋아 있어. 앞다리로 먹잇감을 빠르게 잡아채 가두고, 다리 끝의 뾰족한 가시로 찔러서 잡아먹어.

더 재밌는 영상!

2쌍의 뒷다리는 넓고 꽃잎처럼 생겼어.

꽃잎을 닮은 몸통과 다리를 살랑살랑 움직이면서 바람에 흔들리는 진짜 꽃을 흉내 내.

깨알 상식
앞다리를 위로 들어 마주 모으고 있으면, 꼭 두 손 모아 기도하는 것 같아. 그래서 별명이 '**기도하는 사마귀**'야.

아멘~

배고픈데 이 녀석으로 저녁 식사를 해?

사랑하는 자기야~ 나 왔어!

두두두두~

살랑 살랑

암컷이 수컷보다 몸이 훨씬 커. 수컷은 특이하게도 짝짓기할 때 암컷의 등을 드럼 치듯 두드려. 암컷은 배가 고프면 짝짓기 후 수컷을 잡아먹기도 해.

에그박사의 역대급 생물 상식

꽃을 흉내 내다 똑같이 닮아졌다!

흉내 내기 달인
역대급 능력 ★★★★★

난초사마귀는 난초꽃과 똑 닮은 생김새와 색깔로 위장해서 날아드는 곤충을 잡아먹어요. 그런데 난초사마귀가 원래부터 이런 모습과 색깔은 아니었대요.

이렇게 주위 환경과 비슷하게 흉내 내어 적응하는 방식을 '의태'라고 해. 먹이를 사냥하고, 천적을 피하려고 진화한 거지.

난초사마귀는 꽃을 닮은 게 아니라 꽃을 흉내 내다가 꽃처럼 변한 거예요! 여러 차례 탈피하며 몸 색깔과 질감을 꽃에 맞추고, 꽃잎처럼 움직임을 흉내 내요. 또 향기를 내뿜어 정말 꽃처럼 보이게 하지요.

재미있는 사실은 곤충들이 난초꽃보다 난초사마귀에게 더 많이 날아든다는 거예요. 곤충들은 색에 민감해서 꽃보다 난초사마귀가 훨씬 예쁘게 보인다네요. 이 정도면 난초사마귀를 흉내 내기의 달인이라고 부를 만하죠?

사막 딱정벌레
나미브사막거저리

뜨거운 사막에서 온종일 물구나무를 서는 나미브사막거저리! 대체 왜 이렇게 힘든 자세를 하는 걸까요? 체력 단련을 하는 걸까요? 그 특별한 이유를 알아보러 고고!

🌐 남아프리카 서해안의 나미브 사막   📏 2cm~3cm   🍽 곡식

깨알 상식

나미브 사막은 1년 동안 120ml 정도의 비가 내리는 아주 **건조한 사막**이야. 게다가 **일교차가 50℃** 이상 나서 모두 가루가 되어 버리지. 그래서 나미브('아무것도 없는 땅'이라는 뜻)라는 이름이 붙었어.

나미브 사막은 세계에서 가장 오래된 사막이야.

에휴, 왜 하필 이런 곳에 태어났을까.

나미브사막거저리는 딱정벌레의 하나야. 남아프리카 서해안에 있는 나미브 사막에 살아.

해 뜨기 전 아침마다 높은 모래 언덕의 꼭대기에 올라가 물구나무서기를 해. **물구나무 서기는 물을 얻기 위한 동작**이야.

등엔 돌기가 촘촘하게 나 있어. 이 돌기엔 **물방울**이 잘 맺혀.

거저리의 **유충**은 바로 곤충들의 먹이 **밀웜**이야.

더듬이는 11마디이며 **염주 모양**이야.

자기야! 얼마 만에 만난 짝인데 놓칠 수 없어!

역시 사랑의 힘은 대단해!

천적은 나마쿠아카멜레온! 모래 언덕 아래에서 기다리고 있다가 물을 잔뜩 먹고 내려오는 나미브사막거저리를 노려.

죽은 척하자!

물 먹고 내려올 때가 됐는데~

잠깐 퀴즈!

나미브사막거저리는 **1초에 90cm의 속도**로 달릴 수 있어. 곤충 중에서 가장 빠른 속도지. 왜 **이렇게 빨리 달리냐고?** 드넓은 사막에서 짝을 만나기 위해서야!

뽕잎 대식가 누에

작고 하얀 몸을 꾸물거리며 초록색 뽕잎을 갉아 먹는 누에! 누에의 하루는 종일 먹고, 싸고, 자고를 반복해요. 이 단순해 보이는 녀석의 삶 속으로 풍덩~ 빠져 보아요!

🌐 전 세계   📏 3mm~8cm   🍽 오직 뽕잎

누에는 누에나방의 애벌레야. '누워 있는 벌레'라는 뜻의 '누웨'라는 말에서 이름이 유래되었어. 약 5천 년 전부터 비단실을 뽑아내기 위해 가축으로 키운 곤충이야.

누워 있는 게 제일 편해.
얘가 크면 나!

더 재밌는 영상!

목에 깁스했니?
빠시빠시

피부가 키틴질로 덮여 있어서 만지면 뽀송뽀송 아주 부드러워.

꼬리 쪽에 천적으로부터 몸을 보호하는 작은 뿔이 달렸어.

입처럼 생겼지만 머리야. 잠을 잘 때도 고개를 들고 자.

3쌍의 가슴다리는 기어갈 때 쓰는 진짜 다리!

배와 꼬리에 있는 다리는 가짜 다리로 나뭇가지 등을 붙잡을 때 사용해. 18개의 까만 숨구멍이 있어.

똥이 별 모양이야. 누에 창자의 단면이 별처럼 생겼거든.

우와! 실이다!
아하! 이게 비단실이구나.

고치를 끓는 물에 삶으면 한 올 한 올 풀어져서 실을 뽑아낼 수 있어. 약 1,000m 정도 되지.

알고 있니?
알에서 태어난 누에는 뽕잎을 먹고 싸고를 반복하다가 입 밑에 있는 토사관에서 실을 뽑아 고치를 만들어. 그런 다음 번데기가 되고, 12일~16일이 지나면 누에나방이 되는 거야!

마요네즈 짠 거랑 비슷해.

알 → 누에 → 고치 → 번데기 → 나방

에그박사의 역대급 생물 상식

부드러운 실로 동양과 서양을 만나게 했다!

비단길 창시자

역대급 능력 ★★★☆☆

기원전 2,640년경 중국 황비가 뽕나무 아래에서 차를 마시는데 찻잔 속에 누에고치가 떨어졌어요.

시녀가 고치를 건져 올리려 하자 따뜻한 물에 고치가 풀리며 길고 부드러운 실이 나왔지요.

에구머니, 이게 뭐래?

아항! 저 실을 베틀로 짜면 옷감이 나오겠는데?

이때부터 중국은 누에를 키워 고치에서 실을 뽑아 비단을 짜서 세계 곳곳으로 수출했어요. 로마에서는 **비단값이 곧 금값**일 정도로 인기가 높았지요. 그러다 보니 중국에서 서아시아를 가로질러 지중해까지 **6,400km에 달하는 무역로**가 생겼어요.

비단길로는 비단뿐만 아니라 도자기, 종이 만드는 기술, 종교, 수학, 화약, 인쇄술, 천문학 등 **동양과 서양의 다양한 문화**가 오갔어요. 그리고 이것은 세계사를 발전시키는 원동력이 되었지요. 이 역사적인 길을 탄생시킨 게 바로 꼬물꼬물 누에랍니다.

실크로드

있는 대로 싹 다 주시오!

얼마나 부드러운지 모릅니다~

이 무역로가 바로 내 덕에 생긴 비단길, 실크로드예요~

푸른 숲의 변신왕
사막메뚜기

잘 익은 벼에 홀로 앉아 사각사각 풀을 갉아 먹는 사막메뚜기! 혼자일 때는 작고 귀엽지만, 하나둘 모여 무리를 짓기 시작하면 180° 변신을 한다고 해요. 과연 어떻게 변할까요?

🌐 아프리카와 중동, 남아시아   📏 6cm~7cm   🍽 농작물

평소엔 혼자 지내다가 고온 다습한 환경과 먹이 등 **번식에 적합한 환경이 되면 때를 지어 몰려다녀.**

헉! 거대한 먹구름 같아!

우아!

무리를 이루면 스트레스와 호르몬 변화로 **180° 변신해.** 참새만큼 몸이 커지고, 색깔도 초록색에서 노란색으로 변하지. 장거리 이동에 적합하게 다리가 짧아지고 날개가 길어져.

변신

하루에 자기 몸무게만큼 먹고, 몸이 커지면 두 배 이상을 먹어 치워. 바람을 타고 날아다니며 먹어 치워서 **'바람의 이빨'**로 불려.

얼굴은 긴 육각형이야. 겹눈 사이에 있는 홑눈으로 빛을 감지해.

건조한 바람을 타고 하루에 150km~200km까지 날 수 있어. **바다도 건널 수 있지.**

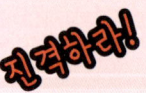
진격하라!

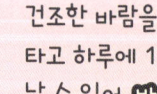
왁그작 왁그작

천적은 오리! 오리 한 마리가 한 번에 400마리 정도를 잡아먹어.

십만 오리 떼 출동!

충격 주의!
암컷은 땅속에 구멍을 깊게 파서 **산란관**을 집어넣고 알을 낳아. 이때 배가 3배 정도 늘어나고 알을 낳으면 원래 길이로 돌아가.

앞으로! 앞으로!

으악!

오지마

대박! 초능력 수준이야!

쿵

사막메뚜기 떼가 한 방향으로 날아가는 이유! 사막메뚜기는 무리를 이루면 공격적으로 변해. 서로서로 잡아먹히지 않으려면 필사적으로 도망쳐야 해.

에그박사의 역대급 생물 상식

떼를 지어 날아다니며 닥치는 대로 먹는다!

살아 있는 재앙

 역대급 능력 ★★★★☆

사막메뚜기는 지구상에서 가장 파괴력이 큰 해충이에요. 일단 수천~수천억 마리가 떼를 지어 비행하면서 농작물을 닥치는 대로 먹어 치우거든요.

이렇듯 **왕성한 식성** 때문에 사막메뚜기 떼가 지나간 곳은 불과 몇 분 만에 풀 한 포기 없는 **황무지**가 되어 버려요. 해당 지역에 사는 사람들은 **한 해 농사를 망치는 것은 물론이고 식량 부족으로 굶주리게 되지요.**

사막메뚜기 떼가 **출몰하는 원인은 이상 기후 때문이에요.** 태풍과 홍수가 잦아지면 사막메뚜기 떼가 창궐하거든요. 생각해 보면 지구 온난화를 발생시킨 게 사람이니, 사막메뚜기 떼를 출몰시킨 원인도 사람이 아닐까요?

나뭇잎에 침이?! 거품벌레

보글보글 하얀 거품 속에 몸을 꼭꼭 숨기고 있는 거품벌레! 언뜻 보면 누군가 나뭇잎에 침을 뱉은 것만 같아요. 거품벌레는 도대체 왜 이런 거품 속에 사는 걸까요?

🌐 전 세계 📏 9mm~10mm 📷 들판의 쑥, 식물의 수액

끈적~끈적~
누가 꼭 침을 뱉어 놓은 거 같네?

거품벌레는 애벌레 때 항문에서 **거품을 만들어** 몸 주위에 두르고 그 안에 안전하게 **숨어 살아.** 그래서 '거품벌레', '침벌레'라고 불러.

슬슬 밖으로 나가 볼까~

애벌레에서 어른벌레로 탈피할 때는 몸을 감싼 거품을 터뜨려. 그리고 에스키모가 사는 이글루처럼 속을 비게 만들어서 몸이 굳기를 기다렸다가 밖으로 나와.

더 재밌는 영상!

오잉? 내 눈이랑 닮았네.

머리 방패에 검은빛을 띤 **갈색 점들**이 줄지어 있어.

몸 색깔은 노란빛을 띤 **갈색**이야.

커다란 눈이 툭 튀어나왔어.

거품벌레는 다양한 종이 있지만 대체로 **매미를 작게 축소해 놓은 모양**이야.

주둥이가 길고 끝이 검어. 날카롭게 튀어나온 입으로 식물을 찔러 **수액을 빨아 먹고 살아.**

평소에는 앞다리와 가운뎃다리 2쌍으로만 걷고, 기다란 뒷다리는 질질 끌고 다녀. 그러다 위협을 받으면 **기다란 뒷다리를 이용해 높이 점프**해서 피해.

농작물에 그을음병이나 시듦병을 일으켜서 피해를 주기도 해.

잠깐 퀴즈!
거품벌레가 거품을 만드는 이유가 아닌 것은?
① 추위와 더위로부터 몸을 보호하려고!
② 무당벌레, 딱정벌레 같은 천적에게 혐오감을 줘서 접근 못 하게 하려고!
③ 촉촉한 몸 상태를 유지하려고!
④ 곤충들 사이에서 돋보이려고!

정답은 ④

킥킥! 여기 있지~
헛! 방금 봤는데!
펄쩍

너 또 내 농사 망칠 거얏?!
죄송~

마른나무 러버
마른나무흰개미

바싹 마른나무 속에 바글바글 모여 사는 마른나무흰개미! 여간해선 밖으로 모습을 드러내지 않아요. 꽁꽁 감춰진 마른나무흰개미의 비밀을 하나하나 풀어 볼까요?

🌐 북미, 동남아시아, 호주, 남극대륙을 제외한 모든 대륙　📏 0.5cm~2.5cm　🍽 목재의 섬유질

마른나무흰개미의 조상은 개미가 아닌 **바퀴벌레 사촌뻘 되는 곤충**이야. 마른나무를 갉아 먹어서 '마른나무흰개미'라고 불러.

더 재밌는 영상!

덥고 건조한 기후를 좋아해. 우리나라도 점점 더워지면서 외국에서 들어와 살기 시작했어.

"무늬만 개미라고나 할까?"

무리 생활을 해. 무리가 완전히 자리 잡으면 **날개**가 생기며 **생식 능력**이 생겨.

"얘들아, 한국으로 고고!"

머리에는 **아치형의 아래턱뼈**가 튀어나와 있지.

허리 부분이 **두툼**하고, 전체적으로 **타원형**으로 생겼어.

다리는 3쌍으로 짧은 편이야.

다른 흰개미들이 땅 속에서 사는 것과 달리, **단단하고 마른 나무 속**으로 파고 들어가서 살아.

사람에게는 해를 끼치지 않지만, **나무란 나무는 모조리 갉아 먹어**서 골치 아픈 곤충으로 여겨져!

잠깐 퀴즈!
마른나무흰개미는 물을 마실까? 정답은~ 필요 없다! 나무에서 수분을 섭취하기 때문에 따로 물을 마시지 않아.

"그만! 그만 파먹어! 집 무너진다고!"

"꺽!"

"갉! 갉! 물은 필요 없고, 마른나무나 더 내놔!"

"탁"

"내가 그렇게 쉽게 죽을 것 같니?"

나무속에 살아서 퇴치가 어려워. 텐트를 쳐서 집 전체를 감싼 다음 연기로 박멸해. 하지만 이것도 완벽한 박멸은 안 돼.

흰수염고래
참치
크릴새우
아델리펭귄
해삼
아홀로틀(우파루파)
투구게
물총고기
청어
청줄청소놀래기
세줄코리도라스메기
해마

바다의 거대 고래
흰수염고래

끝도 없이 넓게 펼쳐진 바다를 유유히 헤엄치는 흰수염고래! 바닷속을 자유롭게 다니는 흰수염고래가 너무 부러워요. 자, 그럼 고래 중에서 가장 큰 흰수염고래의 정체를 파악하러 다 같이 고고!

🌐 전 세계 바다   📏 24m~33m   🍽 크릴새우, 작은 물고기 등

물 위로 떠올라 숨을 내쉴 때면, 숨구멍으로 뿜어지는 공기의 압력이 높아서 **숨을 쉬는 순간 물줄기가 뿜어져 나와.** 이때 물기둥의 높이가 10m~15m나 돼!

흰수염고래는 **포유류**라서 **폐호흡**을 해. 그래서 머리 꼭대기에 사람의 콧구멍처럼 숨을 쉬는 '**숨구멍**'이 있어. 물속에서는 숨구멍을 닫고, 물 위에서는 열어서 숨을 쉬어.

흰수염고래는 '**흰긴수염고래**', '**대왕고래**'라고 불려. 얼룩덜룩한 무늬가 있는 회색빛 푸른색이지만, 물속에서는 푸른색으로 보여서 '**청고래**'라고 해. 영어로는 '**블루웨일**'~

야호! 놀이기구 타는 것 같아!

더 재밌는 영상!

눈꺼풀이 없는 갈색 눈이야. 눈에서 미끌미끌한 액체가 나와서 바닷속에서도 눈을 뜰 수 있고, 염분이 강한 바닷물로부터 눈을 보호해 줘.

몸은 **가늘고 긴 유선형**으로 수영하기에 딱! **평균 시속 40km**로 헤엄치고, **40분 정도 쉬지 않고 헤엄쳐.** 또 500m 깊이까지 잠수도 가능해!

범고래보단 내가 빠르지!

작고 소중한 내 새끼~

뭐? 작다고?

피부 아래 **두툼한 지방층**이 있고 크기도 커서 천적이 없어. **천적은 오직 인간뿐!**

턱에서 배꼽까지 잘 늘어나는 5개~88개의 **주름**이 있어.

커다란 입속에 약 1m 길이의 수염이 270개~395개 정도 나 있어. 이 **수염으로** 바닷물과 함께 입속으로 들어온 **먹이를 걸러 내.**

수염으로 크릴새우만 쏙쏙~~

짱!

육지와 바다를 통틀어 **가장 덩치가 큰 동물**이야. 물론 새끼도 역대급 덩치! 태어날 때 이미 몸길이가 7m에 몸무게는 2.5t! 자동차 크기야.

에그박사의 역대급 생물 상식

지구상의 생물 중 세상에서 제일 크다!

세·젤·크
역대급 능력 ★★★★☆

바다의 귀족 참치

통조림으로 식탁에서 자주 만나는 참치! 참치는 도대체 어떻게 생겼는지, 어떤 특징을 지녔는지 이번 기회에 '참치의 모든 것'을 알아보기로 해요!

🌐 전 세계의 따뜻한 바다　　📏 3m~4m　　🍴 작은 물고기, 오징어 등

참치는 **고등어의 친척뻘** 되는 **다랑어류** 모두를 일컫는 말이야. 크기가 크고, 살이 탄탄해서 맛이 좋고, 영양가가 풍부해.

"제가 '바다의 귀족'으로 불리는 참치입니다만!"

"지느러미를 세우면, 빠르고 정교하게 움직일 수 있어."

헤엄 속도가 챔피언감! 평상시에는 시속 30km~60km, 먹이를 쫓을 땐 **시속 160km까지** 속도를 낼 수 있어.

"아항! 너도 등 푸른 생선이구나?"

등 쪽은 어두운 푸른색이고, **아래쪽은 은백색**을 띠어.

쌩~

"이래 봬도 한 빠름 한다고!"

새끼일 때는 **수심이 얕은 바다**에서 헤엄치고, 성장하면 200m~1,000m의 **깊은 바다**에서 살아.

"비늘이 작고 피부에 파묻혀 있어서 피부가 매끈해."

꼬리지느러미가 초승달처럼 생겼어.

수심 20~30m
수심 200~1000m

깨알 상식
참치 살이 붉은색인 이유는?
참치는 끊임없이 움직이면서 산소를 들이마셔. **산소 안에 든 단백질** 때문에 살이 붉게 보여. 이 붉은색 근육은 참치가 긴 시간 빠르게 헤엄칠 수 있게 해 주는 비결이야.

"뭐든 맛있겠다! 츄릅"

"나처럼 잘 움직이지 않고 게으른 물고기의 살은 흰색!"

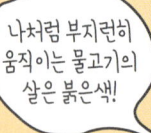
"나처럼 부지런히 움직이는 물고기의 살은 붉은색!"

참치　　우럭

알고 있니?
흔한 것 같지만, 2011년부터 **멸종 위기종**으로 분류하고 있어. 국제기구에서 나라마다 잡을 수 있는 구역과 양을 제한해서 그나마 조금씩 개체 수가 늘어나고 있어.

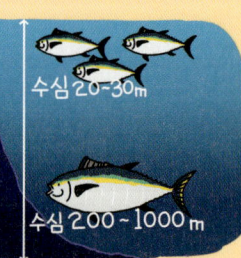

남극의 작은 거인 크릴새우

깊고 어두운 바닷속을 바쁘게 헤엄쳐 다니는 크릴새우! 이 엄지손가락보다도 작은 생명체에 지구를 지키는 위대한 힘이 숨겨져 있다는데요. 어디 한번 알아볼까요?

- 남극 바다
- 1cm~5cm
- 식물성 플랑크톤, 해조류, 바닷속 찌꺼기

식사 좀 해 볼까?
크릴은 고래밥이란 뜻이야.
새우냐?

크릴새우는 **남극**에 사는 동물들의 주요 먹이야. 새우처럼 생겼지만 새우는 아니고 **동물성 플랑크톤**이지.

엄청난 수의 크릴새우가 수십, 수백 미터를 오르내리면서 **바닷물을 순환시키는 역할**을 해.

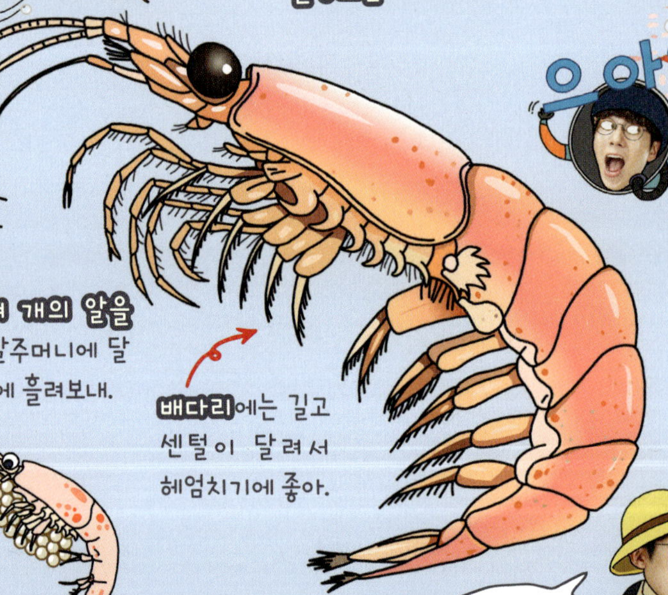

으아악!
휩쓸려 간다!

크릴새우는 **1만여 개의 알을 한 번에 낳아.** 알주머니에 달고 다니거나 바다에 흘려보내.

배다리에는 길고 센 털이 달려서 헤엄치기에 좋아.

껍질은 **밝은 곳**에서는 **붉은색**을 띠고 **어두운 곳**에서는 **투명**해져서 내장이 그대로 보여.

엄마 품이 제일 좋지?

우와! 어두울수록 투명해지는구나!

몸에 있는 발광 기관에서 빛을 내서 **'빛 새우'**라고도 해.

충격 주의!
크릴새우가 줄어들면 펭귄이 멸종된다! 크릴새우는 지난 40여 년간 기후 변화와 건강식품으로 개체 수가 80%나 감소했어. 덩달아 크릴새우를 먹는 펭귄도 줄어들고 있어.

네가 줄어들면 우리는 멸종될 거야. 흑.
펭귄
책임이 무겁네. 어깨도 무겁고.
크릴새우
식물성 플랑크톤

최고야! **어때? 멋지지?**

에그박사의 역대급 생물 상식

크릴새우의 똥이 지구 온난화를 막아준다!

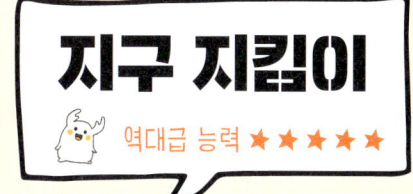

지구 지킴이
역대급 능력 ★★★★★

이산화탄소는 지구 온난화를 일으키는 주범이에요. 그런데 남극 바다에 사는 크릴새우가 이산화탄소를 줄여 준다는 사실 알고 있나요? 크릴새우는 낮에 해수면으로 올라와 이산화탄소를 흡수하는 식물성 플랑크톤을 먹고, 밤엔 바다 깊숙이 내려가 배설해요. 이 배설물은 이산화탄소를 머금은 채 1,000년 동안 심해에 저장되죠. 그 양이 무려 2,300만t이에요.

그뿐이 아니에요. 크릴새우의 배설물이 바다 밑바닥에 쌓이고 쌓여 오랜 시간 지나면 **석유, 천연가스 같은 천연자원**이 된답니다. 크릴새우! 정말 보물 같은 생명체지요?

크릴새우 99

남극의 신사
아델리펭귄

지구의 가장 남쪽 끝에 사는 뒤뚱뒤뚱 귀여운 아델리펭귄! 턱시도를 입은 듯한 신사답고 귀여운 모습 뒤에 전혀 다른 모습이 숨어 있대요. 그게 뭔지 함께 파헤쳐 볼까요?

🌐 남극 대륙 및 연안 섬   📏 65cm~70cm   🍽 크릴새우, 낙지, 작은 물고기 등

사랑해~♡

아델리펭귄은 털이 마치 **턱시도를 입은 것처럼 보여서** '남극의 신사'라고 불려.

펭귄은 새지만 **날개가 지느러미 형태**로 변했고, 뒷다리는 지방층이 두꺼워서 하늘을 날기 힘들어. 대신 **물속에서는 날아다니듯 빨라.**

헤엄 속도: 시속 4아

깨알 상식
펭귄에게 **돌**은 아주 중요해. 암컷에게 **프러포즈**로 돌을 선물하기도 하고 또 둥지를 만들어 알을 보호해.

지느러미처럼 생긴 **날개**는 납작하고 딱딱해. 수영과 때리기에 제격!

파닥거리는 척하며 때리는 것 같은데?

엇! 여기 파리가?!

아야! 퍽 퍽 퍽

눈 둘레는 선명한 흰색!

더 재밌는 영상!

오, 초고속 펭귄 썰매!

어때, 빠르지?

쌩

펭귄 걸음이 느리다고? 배를 바닥에 깔고 날개와 다리를 저어 **썰매를 타듯** 미끄러지면 문제없어!

다리는 짧아 보이지만 그 안의 뼈는 길어.

다른 펭귄들보다 **꽁지깃**이 긴 편이야.

충격 주의!
아델리펭귄은 복수의 화신! 도둑갈매기한테 새끼와 알을 습격당하면 반드시 쫓아가서 복수하지.

감히 내 알을 건드려? 네 알도 가만두지 않을 거야!

꽥

흐익! 빨리 도망치자!

두꺼운 발톱으로 내리찍으면서 걸어 다녀서 넘어지지 않아.

에그박사의 역대급 생물 상식

살기 위해 절벽에서 **친구를 밀어 버린다!**

이기주의 끝판왕
역대급 능력 ★★★★☆

아델리펭귄 101

바다 인삼
해삼

우툴두툴한 돌기가 솟은 외계 생명체처럼 생긴 해삼! 괴이한 생김새만큼이나 어마어마한 능력을 갖추고 있어요. 어떤 능력인지 알아볼까요? 출발!

- 전 세계의 바다 밑바닥
- 10cm~30cm
- 영양소나 작은 수중 생물이 있는 진흙

해삼은 '바닷속의 인삼'이라는 뜻처럼 몸에 좋은 효능이 많아. 또 길고 우툴두툴한 모습 때문에 '바다 오이'라고도 불려.

"아~쫄깃쫄깃해! 해삼은 몸에도 좋아요~"

수온이 낮은 바다에서 잘 자라. 여름이 되면 약 100일간 여름잠을 자는데 모래 진흙에 들어가 먹지도 않고 움직이지도 않아.

"인삼? 오이? 첫, 별명이 왜 전부 먹을 거냐고!"

더 재밌는 영상!

촉수는 모래를 삼켜서 유기물만 먹고 나머지는 똥으로 내보내. 덕분에 바다가 깨끗해져.

먹이에 따라 몸 색깔이 달라. 흙이나 모래를 먹으면 흑색이나 청색이고, 붉은 해조류를 먹으면 홍색을 띠어.

"와구와구"

"나는야 바닷속 청소부!"

해삼은 변신의 귀재! 몸을 부드럽게, 딱딱하게, 부풀리는 등 자유자재로 변신할 수 있어. 좁은 틈에 들어가 몸을 굳히면 꺼낼 수 없어.

"훗! 못 빼낼걸?" "윽! 단단히 끼였네!"

충격 주의!
대형 해삼의 항문에는 '숨이고기'라는 물고기가 살아. 숨이고기는 천적을 피해 해삼의 항문에 숨고, 그 대신 항문을 깨끗이 청소해서 호흡을 편하게 해 줘.

"웩!"

"속이 편안해. 땡큐!" "해삼의 똥꼬가 제일 살기 좋아."

에그박사의 역대급 생물 상식

적의 공격을 받으면 내장을 쏟아낸다!

재생 능력 끝판왕
역대급 능력 ★★★★★

멕시코 미소 천사
아홀로틀
(우파루파)

둥글넓적한 얼굴에 동그란 눈, 언제나 빙그레 웃는 아홀로틀! 천진난만한 아이처럼 귀여운 모습 속에 놀라운 사실들이 구석구석 숨겨져 있대요!

- 멕시코 중부
- 11.8cm~13cm
- 지렁이, 애벌레, 작은 물고기

아홀로틀은 멕시코 호수에 사는 도롱뇽이야. 흔히 **'우파루파'**, **'멕시코도롱뇽'** 이라고 불려.

더 재밌는 영상!

"단! 물 온도에 민감하니 시원한 물에서 키워야 해요!"

"16℃~18℃의 수온이 딱 좋아!"

"아가미가 나뭇가지랑 닮았어!"

"뭐라고?"

독특하고 귀여운 생김새에 색깔도 다양하고, 기르기도 쉬워서 **반려동물로 인기 폭발!**

트레이드 마크는 아가미!
머리 양쪽 바깥으로 툭 튀어나왔어.

몸에 비해 **머리**가 크고 넓적해.
동그란 눈에는 눈꺼풀이 없어.

"바깥 생활하기엔 이런 흑갈색이 안전하지!"

입이 항상 웃는 모양이라 별명도 **'미소 천사'** 야.

야생 아홀로틀은 주로 **흑갈색**이고 반려동물로 키우는 아홀로틀은 하얀색, 옅은 분홍색, 회색, 검은색 등 다양해.

아홀로틀이 변태를 하지 않는 이유
아홀로틀은 몸의 형태를 바꾸는 '변태'를 하지 않아. 아홀로틀은 성체가 되어도 아가미와 꼬리가 달렸어. 변태를 하지 않는 이유는 **갑상샘 호르몬이 부족**해서야!

'티록신'이라는 갑상샘호르몬을 맞으면 도롱뇽처럼 변해!

아홀로틀은 환경 오염으로 서식지가 파괴되어 **멸종 위기**에 처해 있어. 멕시코 정부는 이를 알리려고 아홀로틀을 **50페소 지폐 모델**로 쓰고 있어.

"그러니까 모델료 좀 주라고요~"

에그박사의 역대급 생물 상식

팔다리가 잘려도 다시 자란다!

초재생 능력
역대급 능력 ★★★★★

아홀로틀은 몸의 일부가 잘려도 죽지 않는 걸 아시나요? 발가락, 꼬리, 턱, 척수가 잘려 나가도 끄떡없어요. 심지어 뇌와 심장의 일부가 잘려 나가도 잘 죽지 않는답니다.

- 앞발 어디 갔어? 설마 잘린 거야?
- 119! 119부터 신고하자!!
- 헉! 아홀로틀!! 누구한테 공격당한 거야?!
- 앞발은?
- 어휴, 호들갑 떨기는~ 괜찮아요. 저 그렇게 쉽게 안 죽는다고요!

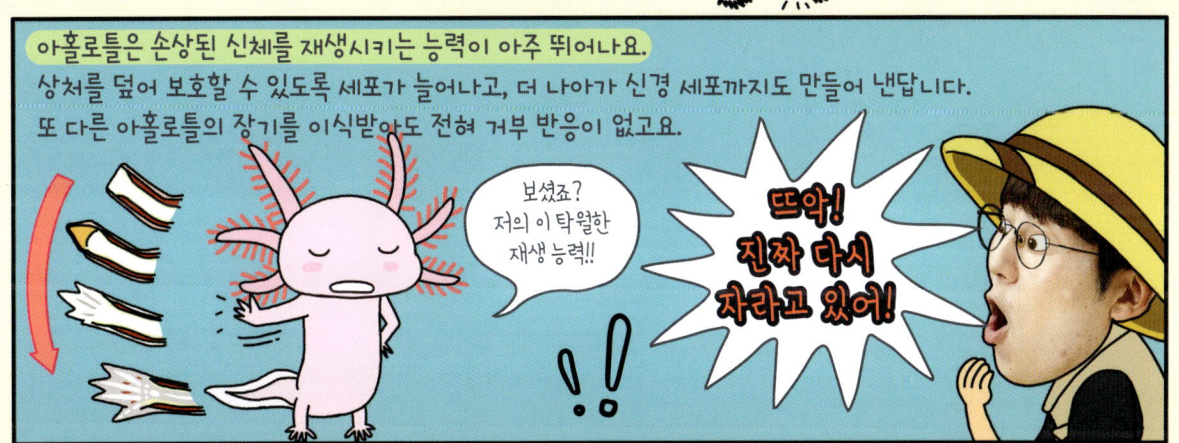

아홀로틀은 손상된 신체를 재생시키는 능력이 아주 뛰어나요. 상처를 덮어 보호할 수 있도록 세포가 늘어나고, 더 나아가 신경 세포까지도 만들어 낸답니다. 또 다른 아홀로틀의 장기를 이식받아도 전혀 거부 반응이 없고요.

- 보셨죠? 저의 이 탁월한 재생 능력!!
- 뜨악! 진짜 다시 자라고 있어!

아홀로틀의 재생 능력은 다양한 의학 연구에 활용하고 있어요. 만약 사람에게도 아홀로틀 같은 재생 능력을 가능하게 할 수 있다면 병 없이 오래오래 살 수 있겠죠?

- 넵, 명심하겠습니다!
- 그러니까 우리가 멸종되지 않게 신경 좀 써 주세요! 에효~ 제가 웃는 게 웃는 게 아니라고요!
- 착 착 착

살아 있는 화석
투구게

딱딱한 껍데기를 쓰고 느릿느릿 해안가를 기어다니는 투구게! 생긴 것만큼이나 아주아주 특별한 피를 가지고 있다는데 어떤 피인지 한번 알아볼까요?

🌐 일본, 중국, 북미, 동남아 📏 50cm~60cm 🍽 작은 물고기, 조개류, 껍질이 연한 게

넵! 형님으로 모시겠습니다!

내가 너보다 1억 년 먼저 지구에 등장한 거 알지?

더 재밌는 영상!

투구게는 약 **4억 5천만 년 전부터** 지구에 살아온 생물이야.

로마 병사들이 쓰던 투구와 비슷하게 생겨서 '투구게'라고 불려. 또 외국에서는 **말발굽을 닮아서 '말발굽 게'**라고도 해.

투구게는 **수영을 잘 못해.** 그래서 낮엔 주로 모래 밑에서 숨어 지내다 갯지렁이 같은 먹이가 오면 잡아먹는대.

우리는 아주아주 가까운 사이~

친구야~ 반갑다!

투구게는 '게'라고 불리지만 **전갈이나 거미에 더 가까운 생물**이야.

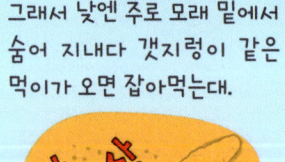

살 살

뭐 먹을 거 안 지나가나?

수컷과 암컷의 구별은 배에 있는 가시! **수컷은 6개, 암컷은 3개의 가시**가 있어.

꼬리는 **방어 무기로도 사용**해.

몸이 뒤집히면 아가미가 말라서 죽을 수 있어.

충격 주의!

어떻게 피가 파랄 수 있어?

1L에 2,000만 원이나 한다고?

한 번에 300개!

바둥 바둥

도와줘!

1L 2000만원

산란기가 되면 모래에 구멍을 파고 한 번에 **300개~350개의 알**을 낳아.

피 색깔이 붉은색이 아니라 파란색! 투구게의 혈액 속엔 구리 성분이 들어 있는데 산소와 닿으면 파란색을 띠어!

에그박사의 역대급 생물 상식
인간을 위해 강제로 피를 뽑힌다!

강제 헌혈
역대급 능력 ★★★★☆

매년 약 50만 마리의 투구게가 '강제 헌혈'을 당해요. 세계 제약회사에서 투구게를 잡아 심장 근처에 구멍을 뚫어 파란 피를 뽑는다지 뭐예요.

그 이유는 바로….
투구게의 피는 몸속에 세균이 들어오면 젤리처럼 굳어서 세균이 퍼지는 걸 막아 주기 때문이에요. 이 성질을 이용해서 **의약품이나 백신 등이 오염됐는지 판별하는 실험**에 사용하고 있어요. 투구게의 피는 코로나19가 유행하던 때 백신 실험에도 사용되었어요.

투구게는 혈액이 채취된 후 바다로 돌려보내지지만 **30% 정도는 스트레스로 죽고 말아요.** 또 살아남더라도 피를 뽑힌 암컷 투구게는 **적극적으로 알을 낳지 않는다네요.** 투구게의 피를 대신할 만한 실험 방법이 필요하겠어요!

귀여운 물대포 물총고기

유유히 헤엄치며 물 위로 물을 찍! 찍! 쏘아 대는 물총고기! 그 모습이 얼마나 깜찍한지 몰라요. 물총고기가 왜 이렇게 물을 쏘아 대는지 그 이유를 알아보러 출발~

🌏 필리핀, 인도차이나, 인도 등의 하천   📏 20cm~30cm   🍴 지렁이, 애벌레, 작은 물고기

"나 찾아보세요~"

"오~ 식물 사이에 있으니 잘 못 찾겠어!"

물총고기는 **바다와 강물이 만나는 곳**에 사는 작은 물고기야.

머리가 작은 만큼 뇌도 작아. 하지만 **아주 똑똑해.** 먹이와의 **거리, 각도 등을 계산**해서 적당한 세기의 물줄기를 발사해.

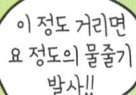

"이 정도 거리면 요 정도의 물줄기 발사!!"

머리는 앞으로 뾰족하고 몸은 납작해. 은백색의 몸에 검은 세로줄 무늬가 있어.

눈을 회전할 수 있어서 먹이와의 거리를 정확히 잴 수 있어.

알고 있니?
물총고기가 사람의 얼굴을 구별할 수 있다는 사실! 흔히 물고기는 기억력이 3초라고 놀림을 받을 정도로 머리가 좋진 않아. 하지만 물총고기는 예외! 물총고기는 물고기 중에서 유일하게 사람의 얼굴을 기억하고, 자기가 본 얼굴과 낯선 사람의 얼굴을 80%의 확률로 구별할 수 있다고 해.

"저기 먹이가 있군!"

가까운 거리에 있는 먹이는 **점프**해서 사냥하고, 물속 바닥에 **물총**을 쏴서 작은 생물을 잡기도 해.

"사냥 방법은 그때그때 달라. 이번엔 점프! 점프!"

수면 가까이에서 **살아 있는 먹이**를 먹는 것을 좋아해. 가라앉아 있거나 **죽은 것은** 싫어해.

"윽, 미안해. 내가 잘 몰랐어."

"물고기는 머리 나쁘다고 하셨죠?!!"

푸른 물고기 청어

차디찬 바다를 무리 지어 다니는 푸른빛의 청어! 떼로 몰려다니며 무슨 수다를 그렇게 끊임없이 떠는지 몰라요. 청어들의 수다를 한번 들어 볼까요?

🌐 북극해나 서부 태평양 등 차가운 바다　📏 20cm~38cm　🍽 새우, 게, 작은 어류 등

"맛도 좋고, 구하기도 쉽고~"
"캬~ 고놈 참 맘에 드네!"

수온이 2℃~10℃ 정도로 **찬 바다에 무리를** 지어 살며, 전 세계에서 가장 풍부한 물고기 중 하나야.

알고 있니?
동해안 지역에서 겨울에 잡은 청어를 꾸덕꾸덕하게 말린 게 바로 **과메기**야.

몸 빛깔이 청색이라 '청어'라는 이름이 붙었어. 우리나라에서는 가난한 선비를 살찌게 한다는 뜻의 **'비유어'**, **'비웃'**이라고 불렀어.

등 쪽은 짙은 청색을 띠고, **배 쪽은** 윤기가 나는 **은백색**이야.

눈 주위에 지방질로 된 **기름눈꺼풀**이 있어.

"20cm 이하는 잡으면 안 돼요! 잘 가!"
"고마워요~"

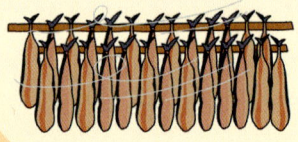

"말조심해요! 속삭여도 다 들리니까."

더 재밌는 영상!

천적은 대구, 연어, 다랑어 같은 대형 물고기야. 그러나 **최고의 천적은 바로 사람**이야.

"내 새끼들~"

1마리당 4만여 개의 알을 해초나 바위 위에 낳아. 알은 2주 만에 부화해서 4년 만에 성체가 돼. **수명은 약 20년!**

청력이 대단히 뛰어나. 보통 물고기들이 들을 수 있는 가청 주파수가 50Hz~3,000Hz 사이인데, 청어의 가청 주파수는 최대 18만 Hz까지야.

에그박사의 역대급 생물 상식

공기 방울 같지만 사실은 **방귀로 이야기한다!**

뿡뿡 수다쟁이
역대급 능력 ★★★★☆

물고기 청소부
청줄청소놀래기

산호초 사이에서 오르락내리락하며 춤을 추는 청줄청소놀래기!
그걸 본 물고기들이 너도나도 몰려드는데요.
청줄청소놀래기에게 무슨 볼일이라도 있는 걸까요?

- 🌐 인도양, 태평양, 대서양, 제주 연안 산호초 지역
- 📏 7cm~10cm
- 🍽 기생충, 오래된 피부 등

청줄청소놀래기는 **산호초**에 살아. **직업은 청소부!** 물고기들의 비늘, 아가미, 입안 등에 붙은 기생충이나 낡은 피부, 먹이 찌꺼기를 떼어먹어 구석구석 청소해 줘.

"물고기들의 청소부입니다! 입 크게 벌리고 기다리세요~"

"여기 사장님 청소 솜씨가 좋더라고."

"빨리 가자~"

"영업 시작합니다~"

더 재밌는 영상!

바위 앞에서 위아래로 춤을 추듯이 **몸을 흔들어.** 이 모습을 보고 다른 물고기들이 청소를 부탁하러 와. 청소놀래기는 먹이 구하기 쉽고 다른 물고기들은 병에 걸리지 않지.

등은 푸른색이야. 주둥이부터 꼬리까지 **검은색 띠**가 있어.

청소하는 내내 꼬리를 흔들어서 청소 중이라는 걸 알려.

"청소 중입니다~"

"기분 좋다!"

"자, 다음 차례는 양박사님! 아~ 하세요!"

"나를?"

몸집이 크고 성질이 사나운 물고기에게도 망설이지 않고 다가가서 청소해. **사람도 무서워하지 않지.**

청줄청소놀래기는 무려 **11개월 전 일을 기억할 정도로 똑똑해.** 거울에 비친 모습이 자신인지도 알 정도야.

충격 주의!
서로 성별을 바꿀 수 있어. 개체수가 적어서 새끼를 번식하기 위해 이런 성전환이 일어난대.

"여기 우리 둘뿐이네? 그럼 내가 암컷 할게!"

"좋아! 그럼 내가 수컷 할게!"

"박사님이 11개월 전에 날 그물로 잡으려고 했죠?"

"헉!"

"어떻게 기억을?!"

에그박사의 역대급 생물 상식
청소 손님이 많은 데에는 비법이 있다!

사업의 달인
 역대급 능력 ★★★☆☆

아마존의 작은 메기
세줄코리도라스 메기

어른 손가락 한 마디 정도밖에 안 되는 세줄코리도라스메기! 작은 몸집이지만 어떤 포식자가 나타나도 기죽지 않고 당당한데요, 그 비결이 뭔지 알아볼까요?

- 🌐 아마존강
- 📏 2cm~6cm
- 🍽 작은 실지렁이, 곤충류, 새우 등

세줄코리도라스메기는 아마존강의 모래 언덕과 진흙 바닥에 사는 작고 귀여운 메기야. '코리도라스'는 '**투구처럼 단단한 피부**'라는 뜻이라, 줄여서 '**코리**'라고 불러.

등지느러미에는 **뾰족한 가시**가 나 있는데 엄청 단단해.

알고 있니?
탁한 아마존의 강물에 맞게 진화하여 **시력은 거의 퇴화**해서 잘 보이지 않아.

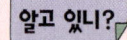

몸 전체에 멋진 **표범 무늬**가 있어.

순한 생김새만큼 다른 물고기를 공격하지 않는 **평화주의자**야. 성격도 활발해서 쉬지 않고 헤엄치며 돌아다녀.

입에 달린 4개의 **수염으로 바닥에 있는 먹이를 찾아 먹어.**

코리도라스는 종류가 아주 많아. 모양도 다양해서 **관상용**으로 많이 키워.

몸놀림이 아주 유연해. 적을 피해 쌩하니 도망치거나 좁은 틈으로 숨어.

집에서 키울 때 주의할 점!
하나! 청소 고기가 아니니까 꼭 바닥에 떨어지는 먹이를 주도록 해요! **둘!** 물 온도는 24°C 정도로 열대어보다는 시원하게 해 줘요.

자, 밥 먹자! 코리가 좋아하는 실지렁이~

여기 시원한 물 대령이요~

방금 봤는데 어디로 숨었지?

샥~

바닷속 작은 말 **해마**

땅 위를 달리는 말을 닮은 해마!
몸을 세운 채 천천히 바닷속을 떠다니는 모습이 무척 신기하고 놀라워요. 이 특이한 바다 생물의 비밀을 찾아볼까요?

🌐 한국, 일본 등 아열대 바다 📏 6cm~10.5cm 🍽 동물성 플랑크톤, 새우, 작은 갑각류 등

주로 **서서 헤엄**을 쳐. 이때 필요한 것이 **등지느러미**! 좌우로 열심히 움직이지만 퇴화하여 **헤엄 속도는 느릿느릿~**

머리가 몸통과 직각이라 못 돌린다고!

해마야! 고개 좀 옆으로 돌려 봐.

쟤는 저렇게 서서 헤엄치나 봐!

해마야 빨리 와~ 빨리빨리!

이래 봬도 지금 전속력으로 가고 있다고요!

머리가 말머리처럼 생겨서 '**바다의 말**'이라고 불려. 머리와 목은 고개만 끄덕일 뿐 좌우로 움직일 수 없어.

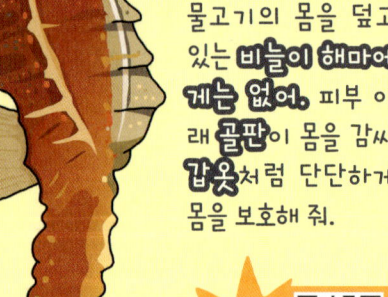

물고기의 몸을 덮고 있는 **비늘이 해마에게는 없어**. 피부 아래 **골판**이 몸을 감싸 **갑옷**처럼 단단하게 몸을 보호해 줘.

수컷의 배에 알을 품어 부화시키고 새끼를 키우는 **육아 주머니**가 있어.

아빠가 많이 사랑한단다!

나팔같이 **길쭉하고 작은 입**으로 먹이들을 눈 깜짝 할 사이에 빨아들여.

쭈우~ 으아악!

더 재밌는 영상!

꼬리는 길고 가늘어. 헤엄치지 않을 땐 해조류나 산호 가지 등에 꼬리를 감고 몸을 지탱해.

우리는 가까운 친척이야!

잠깐 퀴즈!
해마는 물고기일까, 아닐까?
물고기처럼 생기진 않았지만, 아가미로 숨을 쉬고, 등에 지느러미가 있기 때문에 틀림없는 물고기야. 이쑤시개처럼 가는 실고기의 한 종류야.

윽!! 난 정말 센 물살이 싫어!

에그박사의 역대급 생물 상식

해마는 수컷이 새끼를 낳는다?!

지극정성 육아대디
역대급 능력 ★★★★☆

사람이든 동물이든 임신과 출산은 엄마의 역할이에요. 그런데 해마는 아빠가 엄마 대신 새끼를 낳는다고 해요!

해마야! 남자인 네가 어떻게 새끼를 낳는다는 거야?

내 배에 캥거루처럼 새끼를 넣어 기르는 주머니가 달렸거든요. 바로 육아낭!

해마는 번식기가 되면 수컷과 암컷이 짝짓기해요. 그런 다음 암컷이 수컷의 배에 달린 육아 주머니에 약 1,500개의 알을 낳고 떠나요. 수컷은 이 알들이 자라서 부화할 때까지 약 9일~45일 동안 주머니에 품고 키워요.

여보, 우리 알들 잘 부탁해요. 안녕~

걱정하지 말고 잘 가요~ 애들은 내가 잘 키울게!

오예!! 이제 육아 끝! 자유 시간!!!

자, 그동안 정성껏 키웠으니 이제 너희들 힘으로 잘살아 보렴~

웃차

고마워요~ 아빠!

마침내 새끼가 다 자라면 수컷은 주머니에서 키우던 새끼를 물속으로 풀어 줘요. 이때 수컷은 몸 근육을 수축하며 새끼를 주머니 밖으로 내보내는데, 이 모습이 꼭 새끼를 낳는 것처럼 보여요. 수컷은 새끼를 모두 내보내고 나면 다시 짝짓기하러 떠난답니다.

푸른발부비새
원앙
홍학
펠리컨
집단베짜기새
에뮤
유럽칼새
극제비갈매기
꼬마벌새

푸른발부비새
푸른 발의 바보 새

페인트 통에 빠졌다 나온 것 같은 푸른 발의 푸른발부비새! 만화에 나올 법한 특이한 모습 속에 어떤 특별한 비밀이 감춰져 있는지 함께 알아볼까요?

- 남아메리카 태평양 연안
- 76cm~87cm
- 정어리, 멸치, 고등어, 오징어 등

푸른발부비새는 푸른 발로 뒤뚱거리는 모습이 바보처럼 보인다고 해서 스페인 선원들이 붙인 이름이야. 우리나라에서는 '**푸른발얼가니새**'라고 불러.

최대 **200마리 정도가 무리를** 이루고 지내. 물고기 떼가 나타나면 화살처럼 빠르게 물속으로 다이빙해서 **집단 사냥**을 해. **30초** 만에 물속 **100m**까지 **잠수**할 수 있을 정도로 빨라.

바보래요~
콕 콕 콕
왜 내가 바보야! 기분 나빠!
뒤뚱 뒤뚱

먹잇감이다! 돌격!

눈은 특이하게 **노란색!** 시력이 아주 뛰어나서 물속의 먹잇감을 정확히 겨냥해.

콧구멍 대신 **입으로 숨**을 쉬어서 다이빙해서 사냥하기에 알맞아.

머리와 목 부분이 가시처럼 **빳빳해** 보이는 갈색과 흰 색 털로 덮여 있어.

부리가 크고 뾰족하게 생겼고, **짙은 회색**이야.

우리 아기 얼른 보고 싶어~

암컷이 알을 낳으면 **암수가 번갈아 가며 알을 돌봐**. 그리고 알이 부화하면 넓은 발등 위에 올려놓고 따뜻하게 해 줘.

잠깐 퀴즈!
다리와 발이 파란색인 이유는 뭘까?
정답은 먹이 때문! 물고기 속에 들어 있는 '**카로티노이드**' 색소가 발에 쌓이면서 파란색이 되는 거야. 젊고 건강할수록 색깔이 파랗고 선명해.

커다란 물갈퀴와 발은 **밝고 선명한 파란색**이야.

새파란 발을 가진 내가 제일 건강하다고!

알 주변은 다 똥이래.

알 주위에 똥을 싸는 이유!
암컷은 나뭇가지로 만든 둥지가 아닌 맨땅에 알을 낳아. 그러곤 그 주위에 둥글게 똥을 싸 놓고 벌레 등의 침입을 막지.

120

에그박사의 역대급 생물 상식

사랑을 고백할 때 발을 자랑한다!

다정한 부부의 대명사 원앙

예로부터 다정한 부부를 상징하는 원앙! 결혼식 때 원앙이 새겨진 물건을 주고받기도 해요. 그런 원앙에게 감추고 싶은 비밀이 있다고 해요. 함께 알아볼까요?

- 한국, 일본, 중국 등 동북아시아
- 43cm~51cm
- 도토리, 달팽이, 작은 물고기 등

"행복하게 잘 살라는 뜻으로 원앙을 선물할게!"

"고, 고마워! 일단 여자 친구부터 만들어야겠다…."

깨알 상식
고대 중국에서는 수컷과 암컷이 생김새가 달라 서로 다른 새인 줄 알았대. 그래서 **수컷은 '원', 암컷은 '앙'**이라 부르다가 같은 종인 걸 알고는 합쳐서 '원앙'이라고 불렀어.

원앙은 우리나라 어디서든 볼 수 있는 흔한 텃새야. 예로부터 **금실 좋은 부부를 상징하는 새**로 사랑받았어.

암컷은 갈색 바탕에 회색 얼룩무늬의 수수한 모습이야. 이와 달리 **수컷은 알록달록 화려한 깃털**을 자랑하지.

수컷의 옆구리에는 **오렌지색의 날개깃 한 장**이 위로 솟아 있어. 꼭 **은행잎**처럼 생겼어.

원앙은 잠수는 잘 못해서 **상반신만 물속에 넣고** 먹이를 잡아먹어.

"내 새끼가 편안하게 지낼 수 있다면 깃털 뽑는 것쯤이야~"

"아야!"

암컷은 천적을 피해 **높은 나무 구멍에 알을 낳아.** 이때 자기 가슴의 부드러운 깃털을 뽑아서 바닥에 깔아.

암컷은 알을 낳고, 키우고, 새끼를 물가로 데리고 가 훈련시키는 **모든 육아를 혼자 도맡아 해.**

"자! 엄마 따라오렴~"

"새끼 교육은 엄마가 알아서 하니 나는 놀러나 가볼까?"

원앙은 **작은 나무 열매나 도토리를 좋아해!**

"도토리는 내 최애 간식이야~"

"안 돼! 그건 내 주식이라고!"

에그박사의 역대급 생물 상식
알고 보면 절대 다정한 부부가 아니다!

바람둥이 수컷
역대급 능력 ★★★★☆

우아한 핑크 덕후
홍학

분홍분홍한 깃털에 기다란 목과 다리를 가진 홍학! 홍학은 어떻게 이런 우아한 자태와 예쁜 깃털을 갖게 되었을까요? 그 비밀을 찾아보러 다 함께 고고씽!

- 유럽 남부, 아프리카, 남아메리카 등
- 90cm~150cm
- 갑각류, 플랑크톤, 작은 물고기

깃털이 붉은빛을 띠고 있어서 '홍학'이라고 해. '플라밍고'라고 하는데 스페인어로 '불꽃새'라는 뜻이야!

부리 가장자리엔 빗살 모양의 여과 장치가 있는데 먹이만 쏙 걸러 먹어.

수천 마리가 모여 큰 무리를 이루고 사는 철새야. 수명은 40년~50년 정도로 길어.

물을 먹을 땐 머리를 거꾸로 뒤집어서 먹어. 윗부리가 얇기 때문이야.

"박사님, 여기 계시네요?"

"흐억! 목 돌아간 귀신?!!"

"먹이만 걸러 내고!"
"물은 빠지고!"

목이 아주 길어. 목뼈가 무려 19개! 게다가 목이 유연해서 360° 회전도 가능!

"이그, 코딱지를 묻히고 다니냐?"
"코딱지가 아니라 소금딱지거든요!"

주로 한 발로 서서 쉬어. 다리에 털이 없어서 열을 잃지 않으려고 한 발로 서 있어. 또 한쪽 다리로 있을 때 더 편안하대.

발에는 물갈퀴가 달렸어. 발로 물장구를 쳐서 먹이를 물에 띄워서 먹어.

"헉! 이거 피…피야?"
"이래 봬도 맛있는 맘마라고요!"

알고 있니?
어미는 젖과 비슷한 액체(크롭밀크)를 토해 새끼에게 먹여. 이 액체는 영양분이 풍부하지만 피 같아서 먹고 나면 입 주변이 피 칠갑이 되지.

깨알 상식
주로 염도가 높은 호수에 살아. 콧구멍의 소금 분비선을 통해 몸속의 염분의 양을 조절해.

에그박사의 역대급 생물 상식

태어날 때부터 핑크색은 아니다!

원래는 흰둥이
역대급 능력 ★★★☆

홍학 125

조류계의 풍선 주머니
펠리컨

하마의 입만큼 크고 기다란 부리가 눈에 띄는 펠리컨! 이 부리는 한순간에 풍선이나 고무줄처럼 쫘~악 늘어나며 먹이를 퍼 담아 올리는데요, 눈 크게 뜨고 그 순간을 살펴볼까요?

🌐 전 세계의 호수, 강, 해안 등지 📏 140cm~180cm 🍽 물고기, 갈매기, 뱀, 등 잡식성

펠리컨은 정식 이름은 '사다새'라고 해. 몸길이가 약 180cm, **날개를 편 길이는 3m**에 달할 만큼 큰 덩치를 자랑하지.

성격은 **온순하고 느긋하고 착해**. 절대 먼저 공격하지 않는 **평화주의자**!

더 재밌는 영상!

뒤통수에 **짧은 깃**이 덥수룩하게 나 있어.

충격 주의!
부리가 긴 탓에 혀가 없어.

호호, 4kg의 큰 물고기도 거뜬!

그물이 따로 필요 없어요~
아!

부리는 약 **45cm**! 아래 부리에는 평소엔 보이지 않다가 먹이를 낚을 때 **풍선처럼 늘어나는 턱주머니**가 있어.

턱주머니는 쭉쭉 늘어나 한 번에 물을 **12L** 정도 담을 수 있어.

뭐든 산 채로 씹지 않고 삼켜. 위에서 **강력한 소화액**이 나와서 그대로 삭혀 버려.

배 속에서 **먹이를 토해 내서 새끼에게 먹여**. 이 유별난 자식 사랑이 우리 부모님 같다고 해서 한 치킨 회사의 마스코트가 되었어.

다리가 짧고, 4개의 발가락 사이에 **물갈퀴**가 있어.

내 새끼, 많이 먹거라.

알고 있니?
우리나라에도 펠리컨이 살았다는 사실! 펠리컨을 잡아 임금께 바치거나 기름을 짜서 약재로 사용했대. 1914년에 인천에서 한 마리를 채집했다는 기록도 있어.

하하! 오늘은 운수가 좋구나!
꽥

에그박사의 역대급 생물 상식

심심하면 입 밖으로 척추를 빼낸다?!

슈퍼 유연왕
역대급 능력 ★★★★☆

아프리카 참새
집단베짜기새

작고 약해 보이지만 누구보다 강인하게 살아가는 집단베짜기새! 어쩐지 이름마저 예사롭게 느껴지지 않아요. 귀여운 참새를 닮은 집단베짜기새의 놀라운 능력을 같이 알아볼까요?

- 남아프리카의 건조 지대
- 12cm~14cm
- 작은 곤충, 씨앗

언뜻 **참새와 비슷**하게 생겼어. 그러나 집단베짜기새는 **부리 주변, 목덜미, 배 주변에 검은색 포인트**가 있어서 참새와 구분할 수 있어.

아카시아나무, 퀴버나무, 전신주 등에 **거대한 벌집 같은 둥지**를 지어서 **수백 마리가 함께 살아.**

물을 거의 마시지 않고 **흰개미를 먹어서 수분을 보충해!** 주로 곤충을 먹고 살아.

무리를 지어서 **마른풀을 엮어 둥지를 짓는다**고 해서 '집단베짜기새'라는 이름이 붙었어.

새끼는 4마리 정도 낳아 기르고, 한 둥지에 사는 새들끼리 새끼를 돌봐 줘.

둥지는 뾰족한 부리를 이용해 마른풀이나 나뭇가지를 뜨개질하듯이 엮어 **항아리 모양**으로 만들고 **입구는 아래쪽**으로 두지. **둥지 안은 7°C~8°C** 정도로 일정한 온도를 유지해.

"입구를 아래쪽에 두는 건 천적을 막기 위해서래."

"부드러운 풀은 안쪽에~ 거친 풀은 바깥쪽에~"

"가뭄의 원수니까 잘 기억해 두렴."

제일 두려운 **천적은 독사 봄슬랑**이야. 그래서 봄슬랑이 활동하지 않는 겨울에 새끼를 낳아.

"뱀은 내가 해치울게!"

"아줌마가 밥 가지고 올게~"

"피그미매는 역시 최고의 세입자라니까?"

"배고파요!"

아파트처럼 방이 엄청 많아서 다른 생물들이 방을 빌려 쓰기도 해. 특히 피그미매는 **단골 세입자**인데 방값 대신 천적을 쫓아내 줘.

날지 못하는 새
에뮤

기다란 목을 빳빳이 들고 초원을 바람처럼 내달리는 에뮤! 분명 날개가 달린 새인데 날지 않고 달릴 수밖에 없는 녀석들의 속사정을 들여다볼까요?

🌐 호주의 초원 　📏 1.5m~1.8m 　🍽 나뭇잎, 풀뿌리, 과일 열매, 곤충 등

"50센트 동전에 내가 새겨져 있어~!"

에뮤는 **오직 호주**에만 사는 새야. 숲과 나무가 있는 초원이나 **덤불 지대**에 살지. 캥거루와 함께 호주를 대표하는 동물이야.

수컷　암컷

알고 있니?
에뮤의 암수 구별법! 번식기일 때 **목에 검은 깃**이 생겨나면 암컷, 아니면 수컷!

울음소리가 다양하고, 소리가 **엄청나게 커서** 2km 밖에서도 들려.

털색은 잿빛을 띠고 거친 편이야. 머리와 목에는 털이 거의 없이 **푸른색 피부**가 드러나 있어.

새는 새인데 날지 못하는 새야. **날개가 퇴화**해서 짧고, 몸집이 거대해서 날 수가 없어.

아빠! 내가?

초록빛 알에서 부화한 새끼 새는 무늬가 있고, 곧바로 어른 새와 함께 **달릴 수 있어.**

으악! 안 돼! 그건 돌이야!!

이걸 먹어야 속이 편안해져요~

충격 주의!
돌을 씹어 먹는 에뮤가 있다?!
에뮤는 소화 능력이 대단해. 50g 정도 되는 자갈을 먹거든. 몸에 들어간 자갈은 씨앗이나 곡류를 잘게 으깨 준대.

쌩　컹 컹

긴 다리와 짧고 튼튼한 발가락으로 아주 빠르게 달려. 천적 딩고(호주 들개)가 쫓아와도 걱정 뚝! 헤엄도 잘 쳐.

날기 위해 태어난 새
유럽칼새

제비를 닮은 작고 귀여운 몸으로 하늘을 날아다니는 유럽칼새! 하지만 좀처럼 땅 위에서는 볼 수가 없다고 해요. 넓게 펼친 날개로 하늘을 누비는 유럽칼새를 따라가 봐요!

- 서유럽, 아프리카
- 16cm~17cm
- 나방, 잠자리, 파리, 벌 등 날아다니는 곤충

"다리, 여기 있거든!"

따뜻한 온도를 좋아해서 **유럽에서 봄·여름을 나고, 아프리카로 이동해서 겨울을 보내.**

"나이스 캐치!"

공중에서 곤충을 그때그때 잡아먹어서 몸이 가벼워. 그래서 **시속 110km**로 빠르게 날 수 있어.

유럽칼새는 거의 모든 시간을 하늘을 날아다니며 보내. 땅에 앉아있는 모습을 보기 힘들어서 '**다리 없는 새**'로 불리지.

다른 새들에 비해 **날개가 매우 길고, 폭이 좁아.** 덕분에 장거리 비행에 유리해.

수명은 최대 21년으로 긴 편! 하늘에 떠 있어서 천적을 피할 수 있거든.

"10개월 뒤에요!"

"언제 내려올 거니?"

유럽칼새는 둥지를 틀어 **번식하는 2개월 정도만** 땅에 내려와 있어.

꽁지깃이 두 갈래로 갈라져서 제비로 오해받기도 해.

"땅에 내려와야 맛을 보든지 하지!!"

"일어나! 졸음 비행은 위험하다고!"

목 부분만 하얗고 나머지는 **거무스름한 갈색 깃털**이야.

"얘들아, 밥 먹자!"

건물 처마 밑이나 절벽, 나무 구멍에 둥지를 만들어서 봄에 1개 ~4개의 알을 낳아.

깨알 상식
하늘을 날면서 자는 게 가능!
매일 새벽 천천히 내려가면서 비행하는 것이 관찰됐는데 이때 잠자는 것으로 보고 있어.

에그박사의 역대급 생물 상식

한번 날면 절대 내려오지 않는다!

공중 생활 최강왕
역대급 능력 ★★★★☆

유럽칼새는 하루 중 대부분을 하늘에서 먹고, 자고, 짝짓기까지 한답니다. 그러다 보니 평생 지구와 달을 7차례 왕복하는 거리를 난다고 해요! 유럽칼새가 이렇게 오랜 시간 비행할 수 있는 비결은 뭘까요?

우와! 800km면 제주도에서 백두산까지 나는 거리잖아? 대단하다!

우리는 바람을 타고 하루 800km까지 이동이 가능해요!

첫째! 공기 저항을 덜 받는 신체 조건을 갖고 있어요!

활처럼 휘어진 긴 날개!

얇고 길쭉한 몸!

어때? 폼 나지?

둘째! 나는 데 많은 에너지를 쓰지 않아요!

우린 바람에 몸을 맡겨요.

따뜻한 상승 기류를 타면 날개를 움직이지 않고도 날 수 있어요~

셋째! 이동할 때 일기 예보를 예측하는 능력도 있답니다. 바람이 어떻게 불지 예상해서 순풍이 부는 때를 이용해 이동한다니 정말 대단하지요?

3초 후면 바람이 북서쪽에서 불어올 거예요.

역시 유럽칼새가 일기 예보보다 정확해.

하나 둘 셋

유럽칼새 133

장거리 비행가
극제비갈매기

영락없는 제비의 모습으로 바다 위를 날아다니는 극제비갈매기! 매년 지구 두 바퀴를 돌 만큼의 장거리 여행을 다닌다고 해요. 대체 어디를 그렇게 여행 다니는 걸까요?

- 북극 지방과 남극 지방의 바다
- 35cm~37cm
- 크릴새우, 작은 물고기, 게 등

갈매기 / 극제비갈매기

바다에 사는 갈매기야. 꽁지깃이 제비를 닮아서 '극제비갈매기'라고 해.

세계에서 가장 멀리 이동하는 철새야. 여름에 북극에서 살다가 겨울엔 남극으로 이동해.

1년에 '북극-남극-북극'으로 이동하는 거리가 7만 900km나 돼!

머리는 까만 모자를 쓴 것처럼 검어서 눈에 띄어.

빨간색 부리는 얇고 길쭉하게 생겼는데 특히 미끄러운 먹이를 물기에 안성맞춤!

구애 행동이 독특해. 먼저 암컷이 수컷을 쫓아 높이 날아. 그럼, 수컷이 물고기를 잡아서 암컷에게 건네면 짝이 돼.

우리는 평생 커플해요~

나는 솔로.

배 터지게 먹어 보자~

날개가 길고 좁은 활 모양으로 생겨서 펄럭이지 않고도 바람을 타고 잘 날아.

너도 좀 잘 난다?

야, 너무!

유럽칼새

알은 북쪽 툰드라에 낳는데 알을 지키기 위해 아주 사납게 변해. 무엇이든 부리로 쪼아서 쫓아내지.

탁 탁
아야!
저리 가!

잠깐 퀴즈!

왜 이렇게 먼 거리를 이동할까? 먹이 때문이야. 북극과 남극의 여름 바다에는 크릴새우와 작은 물고기가 풍부하거든. 더구나 먹이다툼할 경쟁자도 없어서 그만이지~

세상에서 가장 작은 새 꼬마벌새

몸이 너무 작아서 벌인지 새인지 구분하기조차 힘든 꼬마벌새! 하지만 작다고 무시하지 마세요! 엄청난 능력을 갖고 있거든요. 그 능력이 무엇인지 한번 알아볼까요?

🌐 쿠바   📏 5cm~6cm   🍽 곤충, 거미, 꽃 속의 꿀

벌새는 새 중에서 가장 크기가 작은 새인데, 그중에서도 **가장 작은 새**가 꼬마벌새야.

우와! 10원짜리 동전 두 개 무게랑 비슷해~

안녕?

붕붕

꼬마벌새의 특기는 날갯짓! '붕붕'하는 소리가 날 정도로 날갯짓을 빠르고 힘 있게 해. 1초에 200회를 움직이기도 해. 어깨 관절이 회전되어 **헬리콥터처럼 위·아래·앞·뒤·옆으로 날 수 있**고, 공중에서 **정지할 수도 있어.**

사람이 못 보는 **자외선과 색깔들을 구분**해서 꿀이 더 많이 든 꽃을 찾을 수 있어.

부리가 길고 가늘어서 꽃 속에 집어넣고 꿀을 빨아 먹기 편리해. **혀는 부리보다 두 배 정도 길어.**

흐음, 꿀 너무 맛있어! 나와라~ 혓바닥!

하지만 곤충도 놓칠 수 없지!

암컷은 전체적으로 초록색을 띠고 수컷은 암컷보다 목 부분의 깃털이 화려해.

알고 있니?

내일을 위해 기절 중~

피곤해!

날개를 쉴 새 없이 움직이니까 먹어도 먹어도 배고파.

꼬르륵

다리가 짧고 발가락은 작아. 걷기보단 하늘을 나는 데 최적화되어 있어.

엄청난 대식가! 하루에 1,500번이나 꽃을 찾아서 **10분마다** 꿀을 먹어. 단 두 시간만 안 먹어도 목숨이 위험해.

밤마다 기절 상태에 빠져. 그리고 체온을 7° 정도 낮추고 심장 박동도 분당 50회 정도로 낮추어 에너지를 절약해.

에그박사의 역대급 생물 상식

보잘 것 없이 작지만 알고 보면 강한 새다!

신기록 보유 새
역대급 능력 ★★★★☆

역대급 사파리 생물 퀴즈
나의 역대급 사파리 능력 지수는?

 역대급 사파리 투어는 잘하셨나요?
이번엔 역대급 사파리에 대해 얼마나 잘 알고 있는지 퀴즈를 풀며
나의 생물 상식 능력 지수를 테스트해 보세요.

1. 진한 흑갈색에 거대한 체구와 강력한 힘을 가진 불곰! 이 불곰이 격렬하게 춤을 추는 이유는 과연 무엇일까요?

① 목욕을 안 해서 몸이 근질근질해서　② 신나는 댄스곡을 들어서
③ 영역 표시를 해서 짝을 찾으려고　④ 운동해서 살 빼려고

2. 비가 오는 날이면 어김없이 나타나는 달팽이! 달팽이는 이빨이 없는 것 같지만 사실은 2만 개나 된답니다! 그렇다면 달팽이의 이빨을 확대한 모습은?

① 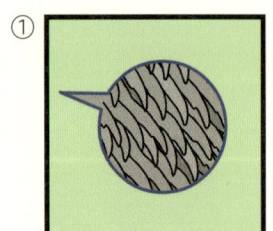  ② 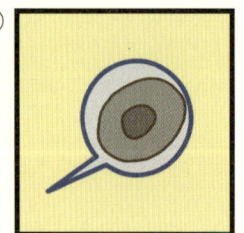 ③  ④

3. 산호초 사이를 오르락내리락하며 물고기들을 청소해 주는 청줄청소놀래기! 청줄청소놀래기가 손님이 많은 데는 비법이 있다는데요, 그 비법이 아닌 것은?

① 찾아오는 손님을 일일이 기억한다.
② 가끔 오는 손님을 먼저 청소해 준다.
③ 청소할 때 영양가가 풍부한 점막은 건드리지 않는다.
④ 한꺼번에 여러 물고기를 청소해 준다.

4. 이번엔 그림 연상 퀴즈! '위대한 건축가'로 불리고 작은 몸으로 1t짜리 집을 짓는 이 새의 이름은? (주관식)

( )

📢 알립니다!!!
온라인으로 '역대급 사파리 O, X 퀴즈'를 풀고 싶다면 QR코드를 로드해 봐!
더 재밌는 역대급 사파리가 기다리고 있다고~
<에그박사의 핸드폰 바탕화면>을 선물로 주니까 어서 문제 풀러 고고!

정답 : 1. ③ 2. ① 3. ② 4. 잣단배짜는새

원작 에그박사
재미있고 유익한 자연 생물 콘텐츠로 사랑받는 인기 생물 크리에이터로, 에그박사, 양박사, 웅박사가 뭉쳐 신비한 생물을 유쾌한 영상으로 담아내고 있습니다.

글 예영
글 쓰는 게 가장 힘들고 어려우면서도 글 쓸 때가 가장 즐겁고 행복한 작가입니다. 만화, 동화, 교양서 등 다양한 분야의 어린이책을 쓰고 있습니다. 그동안 쓴 책으로는 『존리의 금융 모험생 클럽』, 『닭답게 살 권리 소송 사건』, 『우리 학교가 사라진대요!』 등이 있습니다.

그림 유남영
만화를 전공하고 캐릭터 디자이너 겸 일러스트레이터로 활동 중입니다. 『에그박사의 닮은꼴 사파리』, 『TV생물도감의 신비한 바다 생물』, 『지구에서 절대로 사라지면 안 될 다섯 가지 생물』 등 많은 책에 멋진 그림을 그렸습니다.

원작 에그박사 | 지은이 예영 | 그린이 유남영
펴낸이 정규도 | 펴낸곳 (주)다락원

초판 1쇄 발행 2024년 4월 5일
초판 3쇄 발행 2025년 2월 25일

편집총괄 최운선 | 책임편집 김지혜
디자인 STUDIO BEAR

다락원
주소 경기도 파주시 문발로 211
내용문의 (02)736-2031 내선 272
구입문의 (02)736-2031 내선 250~252
Fax (02)732-2037
출판등록 1977년 9월 16일 제406-2008-000007호

Copyright ⓒ 2024, 에그박사, 예영

저자 및 출판사의 허락 없이 이 책의 일부 또는 전부를 무단 복제·전재·발췌할 수 없습니다.
구입 후 철회는 회사 내규에 부합하는 경우에 가능하므로 구입 문의처에 문의하시기 바랍니다.
분실·파손 등에 따른 소비자 피해에 대해서는 공정거래위원회에서 고시한 소비자 분쟁 해결 기준에 따라 보상 가능합니다. 잘못된 책은 바꿔 드립니다.

사진 셔터스톡 139쪽ⓒLies Ouwerkerk
부득이 저작권 확인을 받지 못한 사진은 추후 저작권이 확인되는 대로 적법한 절차에 따라 저작권료를 지불하겠습니다.

ISBN 978-89-277-4798-7 73490

http://www.darakwon.co.kr
다락원 홈페이지를 통해 인터넷 주문을 하시면 자세한 정보와 함께 다양한 혜택을 받으실 수 있습니다.

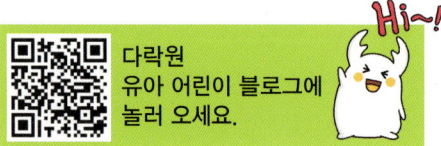